BPX.

Marcel Siegenthaler
Cyrill Schmid

Was Manager wissen müssen!

ERP für KMU

Business-Software für Produktion, Handel und Service

3., überarbeitete Auflage

BPX-Edition
Rheinfelden/Schweiz

BPX	Best Practice Xperts
E-Mail	edition@bpx.ch
Internet	www.bpx.ch

Marcel Siegenthaler / Cyrill Schmid

Business-Software für Produktion, Handel und Service

Was Manager wissen müssen!

3., überarbeitete Auflage

Vorwort von Frau Dr. Kathy Riklin

Rheinfelden/Schweiz
BPX-Edition, 2008

ISBN 3-905413-16-8

© 2008 BPX-Edition Rheinfelden

Hinweis: In diesem Booklet wird bei Bezeichnungen die männliche Form verwendet. Dies dient lediglich der Lesefreundlichkeit und schliesst die weibliche Form mit ein.

Alle Rechte, insbesondere die Übersetzung in fremde Sprachen, sind dem BPX-Verlag vorbehalten. Kein Teil des Buches darf ohne schriftliche Genehmigung des Verlages fotokopiert oder in irgendeiner anderen Form reproduziert oder in eine von Maschinen verwendbare Form übertragen oder übersetzt werden.

Herstellung: BPX-Edition, Rheinfelden/Schweiz

Druck und Verarbeitung: Druckerei Flawil AG

Inhalt

	Vorwort von Frau Dr. Kathy Riklin	5
1	**Management Summary**	**6**
2	**Grundlagen ERP**	**7**
2.1	Definition und Übersicht	7
2.2	Abgedeckte Prozesse	7
2.3	Wichtige Module, Funktionsumfang	9
2.4	Kostenstruktur ERP	9
2.5	Gründe für den ERP-Einsatz	12
3	**Spezielle Erweiterungen**	**14**
3.1	Breite versus Tiefe	14
3.2	Customer Relationship Management	15
3.3	Dokumenten-Management	16
3.4	Crossmedia	17
3.5	Workflow-Management	18
3.6	Rückverfolgbarkeit	19
3.7	Validierung	22
3.8	Kommunikation von ERP zu ERP	24
3.9	Internationalisierung / Intercompany	26
3.10	Firmenübergreifende Zusammenarbeit	27
4	**ERP für produzierende Firmen**	**30**
4.1	Merkmale produzierender Unternehmen	30
4.2	Die Daten im ERP-System	32
4.3	PPS – Planung und Steuerung	37
4.4	Datenaustausch zwischen CAD und ERP	41
4.5	Produktkonfigurator	43
4.6	Vor- und Nachkalkulation	45
5	**Warenwirtschaft für Handel**	**47**
5.1	Grosshandel	48
5.2	Kassenlösungen für Einzelhandel	51
5.3	Streckengeschäft	53
5.4	Preisfindung	55
5.5	Digitale Abrechnung / E-Invoicing	56
6	**Service-Management**	**57**
7	**ERP-Auswahl**	**61**
7.1	Erwartungshaltung der Schweizer KMU	61
7.2	Stolpersteine in ERP-Projekten	62
7.3	Erfolgsfaktoren und Lösungsansätze	62
7.4	Vorgehen für Evaluation und Einführung	63
7.5	Einführung und Betrieb	71
7.6	Vertragsabschluss	72

8	**Blick auf den ERP-Markt**	**74**
8.1	Standardsoftware	74
8.2	Branchensoftware	75
8.3	Individualsoftware	75
8.4	Bald nur noch zwei Softwareanbieter?	76
8.5	Open-Source-Software OSS	77
8.6	Integration in die Softwarelandschaft	79
8.7	ASP – SaaS – die IT extern betreiben?	81
9	**Ausblick und Trends**	**85**
10	**Literatur & www**	**86**
11	**Stichwortverzeichnis**	**87**
12	**Profile der Editionspartner**	**88**
13	**Autorenteam & BPX**	**96**

Branchenlösungen / Best Practices

Anlagenbau	39
Armaturenherstellung	42
Automobilzulieferer	15
Baustoffhandel	50
Designtextilien	83
Edelmetallhandel	77
Elektronik	35
Entsorgung / Recycling	19
Heizung / Klima / Lüftung	13
Industrie	60
Intercompany	26
Kassensysteme / Retail	52
Lebensmittel	25, 54, 74
Leuchtsysteme	46
Medizinaltechnik	21
Metallbau	44
Musikfachhandel	47
Pharma und Chemie	23
Treuhand	8
Werkzeugmaschinen	58

IT – Herausforderung für die Schweiz!

Rund 70% der Schweizer Bevölkerung sind Informationsverarbeitende. Täglich gehen wir natürlich und selbstverständlich mit Bits und Bytes um: Wir schreiben Texte mit Word, E-Mails mit Outlook, surfen im Internet und kaufen und buchen online.

Wenn es aber darum geht, Amtsgeschäfte via Computer abzuwickeln, dann ist der Gang aufs Amt fällig, jedenfalls an den meisten Orten in der Schweiz. Gemäss EU-Ranking sind wir im Bereich Online-Verfügbarkeit von amtlichen Leistungen auf dem zweitletzten Platz, dem 27. Als Mrs. ICT der CVP kämpfe ich dafür, dass der Staat Serviceleister für die Wirtschaft und jeden Einzelnen wird. Statt am Schalter anzustehen, will ich, dass die Amtsgeschäfte via Internet abgewickelt werden können – 24 Stunden am Tag, 7 Tage in der Woche.

Neben der Vorreiterrolle des Staates braucht es aber auch exzellente Geschäftslösungen. Diese Lösungen werden Ihnen in diesem Booklet vorgestellt: ERP, Enterprise Resource Planning für KMU. Die in einem Unternehmen vorhandenen Ressourcen sollen möglichst effizient für den betrieblichen Ablauf genutzt werden. Dies ist für den wirtschaftlichen Erfolg der KMU ausschlaggebend.

Dabei ist es vordringlich, dass auf die lokalen – schweizerischen – Eigenheiten Rücksicht genommen wird; hier helfen die zahlreichen schweizerischen Applikationsentwickler, die sich bei uns bestens auskennen. Die Fallbeispiele im vorliegenden Buch zeigen, dass hier von Massanfertigung bis zu Konfektions-ERP alles angeboten wird. Das ist auch gut so, denn schliesslich ist einer der Vorteile von Software, dass aufbauend auf Standardsoftware individuelle Lösungen machbar sind, die das Optimum an Effizienz und Effektivität erreichen.

Und noch etwas: Allein die blosse Anschaffung eines neuen Systems löst noch keine Verbesserungen im Betrieb aus – die Einführung, Schulung und Anwendung in der Praxis muss genau so sorgfältig evaluiert und umgesetzt werden. Nur so kann das Potenzial der Software auch ausgeschöpft werden. Es nützt nichts, einen Ferrari zu kaufen, wenn man ihn nur im 1. Gang fährt …

Zudem gilt: Zum wirtschaftlichen Erfolg unseres Landes Schweiz müssen sich E-Business und E-Government gegenseitig ergänzen. Nur so erreichen wir wirtschaftliche Spitzenresultate!

Kathy Riklin, Dr. sc. nat. ETH

Nationalrätin

Vorstandsmitglied SwissICT, Zürich

1 Management Summary

Mit einer Investition von etwa CHF 12 000.– pro Mitarbeiter gehört ein Enterprise-Resource-Planning-System, kurz ERP genannt, schon rein finanziell gesehen zu den grösseren Ausgaben einer Firma. Diesen Ausgaben stehen auch konkrete Nutzen gegenüber, welche einem Unternehmen entscheidende Wettbewerbsvorteile ermöglichen können. Die Business-Software erlaubt:

- Enge Anbindung an Kunden und Lieferanten
- Kürzere Reaktionszeiten am Markt
- Kleinere Lager
- Kontrollierten Auftragsablauf mit Rückverfolgbarkeit

Das ERP durchdringt das ganze Unternehmen und betrifft alle Prozesse. Mit der heutigen grossen Funktionsbreite der ERP-Lösungen entsteht ein weiterer Vorteil durch die Mehrfachnutzung der Daten. Historisch gewachsene IT-Insellösungen verursachen überproportional viel Aufwand im Betrieb. Medienbrüche, unterschiedliche User-Interfaces, Datenredundanzen und diverse weitere Nachteile können die Ablösung durch ein integrierendes Gesamtsystem durchaus rechtfertigen.

Um die Vorteile eines modernen ERP auszuschöpfen, ist bei der Auswahl mit grosser Sorgfalt vorzugehen. Das ERP muss möglichst genau zu den Produkten, der Fertigungsart, den Prozessen und der Organisation des Unternehmens passen. Gerade kleinere Unternehmen können sich teure Anpassungen der Software kaum leisten. Am grossen und unübersichtlichen ERP-Markt findet sich aber vielleicht ein Produkt, welches zusammen mit den spezifischen Erfahrungen der Implementationspartner gut zum Unternehmen passt. Die Auswahl ist aber nicht nur eine Frage der technischen Funktionalität! Im Kapitel 7.4.4 sind auch die anderen vier Haupt-Selektionskriterien aufgeführt, welche es zu beachten gilt.

Natürlich finden Sie in diesem Text noch viele Hinweise auf einige der zahllosen Schlüsselwörter wie ERP II (Kapitel 9, Ausblick und Trends, Seite 85) oder die Individual-Software als Alternative, wenn kein Angebot der Standardsoftware wirklich befriedigt (Kapitel 8.3, Seite 75).

2 Grundlagen ERP

Eine Business-Software ist heute in fast jedem schweizerischen Unternehmen anzutreffen. Entsprechend dem Einsatzzweck oder der Herkunft der Software werden die unterschiedlichsten Bezeichnungen verwendet. Auch für Fachleute ist es sehr schwierig, einen Überblick über die eingesetzten Produkte und die aktuellen Schlagworte zu behalten. Dieses Booklet konzentriert sich darauf, die Softwaresituation zu klären, und zwar für kleine und mittlere Unternehmen, welche in der industriellen Produktherstellung oder im Handel tätig sind. Durch die anhaltend schnelle Entwicklung in der Informationstechnologie ist jede Marktabbildung und jede Produktempfehlung zeitlich nur begrenzt aktuell. Hier wird deshalb die Vorgehensmethodik zur Software-Evaluation und -Einführung beschrieben und auf internetbasierte Quellen zur Marktübersicht verwiesen, z.B. www.topsoft.ch.

2.1 Definition und Übersicht

Die eingesetzten Begriffe im Umfeld der Software für Firmen sind weder trennscharf noch eindeutig definiert. Grundsätzlich geht es hier um Computerprogramme zur Unterstützung von Arbeitsabläufen in Firmen, also um Software zur Geschäftsprozessunterstützung. Je nach Herkunft der zu unterstützenden Prozesse wird von «betriebswirtschaftlicher Software» gesprochen oder von «Produktionsplanungs-Software». Alles umfassend wird der Begriff «Business-Software» verwendet.

> Unter «Enterprise Resource Planning»-Systemen (ERP-Systemen) versteht man Softwarepakete, welche alle für ein Unternehmen relevanten Daten zur Bewirtschaftung der Ressourcen – Finanzen, Arbeitskräfte, Maschinen, Material, Zeit usw. – integrieren und damit operative und strategische Entscheidungen ermöglichen.

2.2 Abgedeckte Prozesse

Die Prozesse in den Firmen werden in folgende zwei Kategorien aufgeteilt:
- Wertschöpfende Prozesse
- Unterstützende Prozesse

Grundlagen ERP

Wertschöpfende Prozesse	
Produktentwicklung	**Auftragsgewinnung**
Produktentwicklung Prozessentwicklung	Markterschliessung Verkaufsförderung Kundenbeziehungspflege Verkauf
Auftragserfüllung	**Kundendienst**
Auftragsbearbeitung Produktion / Montage Einkauf Distribution	Verkauf Wartung geplanter Unterhalt Störungsbehebung Rücknahme/Entsorgung

Unterstützende Prozesse	
Evolutionsprozesse	**Supportprozesse**
Firmenentwicklung Personalentwicklung Langfristplanung usw.	Personal, Lohn Finanz- & Rechnungswesen (Umwelt- und) Qualitätsmanagement (Prüfmittelrückverfolgbarkeit)

Abbildung 1: Prozesse in produzierenden Firmen

Best Practice:
REBAG | Treuhand / Das beste Rezept

Die im zürcherischen Dietikon beheimatete REBAG Treuhand unterstützt mit zwanzig Mitarbeitern seit 30 Jahren schweizweit das Gastgewerbe. Neben den «typischen» Treuhandaufgaben wie der Finanz- und Lohnbuchhaltung sieht das Unternehmen seine zentrale Kompetenz in der detaillierten Auswertung und der einfach verständlichen, kundenspezifischen Aufbereitung der in der Buchhaltung gewonnenen Informationen. Die REBAG setzt dabei auf die Gesamtlösung Sesam KMU von Sage Schweiz, die mit dem spezialisierten Treuhandmodul Finanz diese umfangreichen Aufgaben der Treuhänder perfekt unterstützt. Die flexible und erprobte Standardsoftware integriert branchenspezifische Drittlösungen und garantiert für das Unternehmen und seine Kunden eine hohe Investitionssicherheit.

Lösungsanbieter: Sage Schweiz, Sesam KMU (Firmenprofil Seite 94)

Grundlagen ERP

Einen bestimmten Teilprozess mit einer Software zu unterstützen, ist der historische Ansatz für die meisten Softwarelösungen. Speziell häufig wurden Programme für das Finanz- und Rechnungswesen entwickelt, gefolgt von solchen für Einkauf und Produktion. Unter dem Stichwort CRM (Customer Relationship Management) stiessen später Programme zur Unterstützung von Auftragsgewinnung und Kundendienst dazu.

In der Praxis werden firmenspezifische Teilprozesse beschrieben, welche durch mehrere Hauptprozesse laufen können. Gefragt ist dann eine Software, welche diese Bedürfnisse möglichst nahtlos abdeckt.

2.3 Wichtige Module, Funktionsumfang

Entsprechend den Haupt- und Teilprozessen (Abbildung 1) sind viele Programmpakete in Module unterteilt – nicht mehr unbedingt aus historischen oder funktionalen Gründen, sondern zur Anpassung des Leistungsumfangs und der Lizenzkosten an die Bedürfnisse des jeweiligen Einsatzes. Hier ein Beispiel von www.ifas.ch:

• Verkauf	• Projektcontrolling
• Produktkonfigurator	• Produktion
• Einkauf	• Feinplanung
• Materialwirtschaft	• Werkzeugverwaltung
• Kalkulation	• Finanzbuchhaltung
• Service/CRM	• Debitoren/Kreditoren
• E-Business/Edifact	• Kostenrechnung
• Dokumentenmanagement	• Anlagenbuchhaltung
	• Lohnbuchhaltung

2.4 Kostenstruktur ERP

Die Kosten für ein ERP-System können grob in zwei Blöcke aufgeteilt werden:
- Investitionskosten
  - Hardware
  - Software (Lizenzen)
  - Dienstleistung für Auswahl, Anpassung, Einführung

Grundlagen ERP

- Unterhaltskosten
  - Software-Update, Support, Dienstleistung für Betrieb

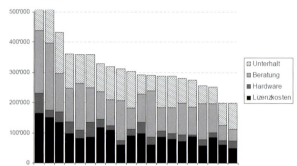

Abbildung 2: Streuung der Offerten auf eine konkrete Anfrage [Widmer]

Die Abbildung 2 aus [Widmer] zeigt zum einen die Proportionen dieser vier Kostenbestandteile und zum anderen die Streuung von Offerten auf eine konkrete Anfrage.

Auf die Hardwarekosten wird im Folgenden nicht eingegangen; sie fallen immer weniger ins Gewicht und sind einfacher abschätzbar. Interessant ist hingegen die beachtliche Spannweite der Offerten für den Beratungsaufwand. Je besser die Software zu den Anforderungen passt, desto kleiner ist der Anpassungsaufwand. In der Praxis zeigt sich, dass sich die ausgedehnte Suche und Prüfung verschiedener ERP-Systeme aus diesem Grund lohnen kann.

Der interne Aufwand wird normalerweise nicht beziffert, er ist aber sehr beträchtlich und steht im Verhältnis von 1:1 bis 3:1 zum extern verrechneten Beratungsaufwand.

Im Allgemeinen interessieren in erster Linie die Investitionskosten, um den einmaligen «Cash out» abzuschätzen. Aus [Widmer] folgt als ganz grober Anhaltspunkt folgende Formel:

Zu erwartende Investitionen = k * Benutzerzahl

Wobei k die Komplexität der Aufgabe widerspiegelt und typischerweise im Rahmen von CHF 10 000.– bis CHF 15 000.– liegt.

Die Softwareanbieter rechnen mit unterschiedlichen Kalkulationsschemen, um die Lizenzkosten zu ermitteln. Meistens wird für jedes Modul und jeden User davon ein Preis eingesetzt. Die Multiplikation der User mit den

Grundlagen ERP

Modulen und den Modulpreisen ergibt die Ausgangslage für die Offerte.

Bei den Usern wird zwischen concurrent Usern und named Usern unterschieden. Concurrent User arbeiten gleichzeitig im System oder Modul. Named User werden im System namentlich erfasst. Die Anzahl der named User ist damit wesentlich höher als diejenige der concurrent User. Beispielsweise braucht eine Firma 50 named User, für ein bestimmtes Modul mag aber ein Maximum von 2 concurrent Usern genügen, wenn man davon ausgeht, dass gleichzeitig nie mehr als zwei Personen in diesem Modul arbeiten.

> Nachfolgend eine detaillierte Leistungs- und Kostenaufstellung als Beispiel des Anbieters Informing für Obipektin mit den zwei Produktionsstandorten in Bischofszell und Burgdorf. Obipektin hat sich entschieden, die Lizenzen und die Einführung konventionell zu bezahlen, aber den Betrieb der Lösung durch Würth in Chur als monatliche Leistung zu beziehen.
>
> Die gesamten Projektkosten belaufen sich auf CHF 750 000.–. Folgende Module von IN:ERP werden eingesetzt: PPS inkl. Chargenverfolgbarkeit, Instandhaltung, Finanz inkl. Konsolidierung, Anlagenbuchhaltung, Kostenrechnung, Qualitätsprüfmanagement, Präsenzzeit- und Produktionszeiterfassung, HRM, MIS für Analysen und Auswertungen.
>
> Auf sieben Servern werden die folgenden Applikationen gehostet und mit der angeführten Anzahl Lizenzen für eine monatliche Betriebsgebühr von CHF 18 500.– zur Verfügung gestellt:
>
> - 70 concurrent User IN:ERP
> - 85 named User Microsoft Office und Exchange
> - 10 named User Microsoft Project und Visio
>
> Natürlich ist das Angebot ergänzt mit Programmen gegen Viren und Spamming und verfügt über Firewalls, 300 GB mehrfach abgesicherten Speicherplatz, Zugänge für externe Mitarbeiter und weitere interessante Dienstleistungen.

Für die jährlich wiederkehrenden Lizenzkosten werden oft Sätze in der Grössenordnung von 16% der Basislizenzkosten angesetzt. Aber auch hier gilt: «Keine Regel ohne Ausnahme!» Es gibt durchaus auch Anbieter, welche einige Supportleistungen und Updates kostenlos anbieten.

Grundlagen ERP

Alle diese oben genannten Kostenüberlegungen beruhen auf der herkömmlichen Art, die gesamte Installation zu kaufen und in der eigenen Firma zu betreiben. Natürlich finden sich Banken, welche ein Leasing für diese Investition anbieten.

Alternativ zum Kauf bieten sich Möglichkeiten, einen Teil der Leistungen extern zu beziehen. Damit verbunden werden auch andere Lizenzierungsmodelle diskutiert, welche speziell für kleinere Unternehmen sehr interessant sein können. Stichwort dazu ist Application Service Providing (ASP). Informationen hierzu befinden sich auf Seite 81 im Kapitel 8.7.

2.5 Gründe für den ERP-Einsatz

Die Basis für operative und strategische Entscheidungen zu schaffen, ist speziell für kleinere Unternehmen nicht Anreiz genug, in ein ERP zu investieren. Darüber hinaus gibt es eine Menge guter Gründe, welche für ein ERP sprechen.

Andreas C. Brändle, Geschäftsführer der XCAN AG, formulierte seine Sicht anlässlich der Softwarebeschaffung: «Wir brauchen einen kontrollierten Auftragsablauf ohne Redundanzen, um qualitativ hochwertige Produkte und Dienstleistungen zu erbringen. Ein ERP einzusetzen ist für mich unabdingbar, sonst lässt sich der heutige Standard am Markt nicht erreichen.» Damit sind nicht zuletzt die Prüfnormen und die geforderte Rückverfolgbarkeit für die Medizinaltechnik angesprochen.

Weitere Gründe:
- Mit einem Shop am weltweiten Markt partizipieren
- Datenaustausch mit Kunden und Lieferanten
- Geografisch verteilte Teams
- Schnellere und vollständige Rechnungstellung
- Konsistente zentrale Datenhaltung
- Präzise Lagerübersicht
- Maschinenkonfiguration bei den Kunden kennen
- Materialengpässe für die Fertigung vermeiden

Best Practice: TEM AG / Regelungs- und Steuerungssysteme

Seit 40 Jahren betätigt sich die TEM AG in Chur erfolgreich mit der Entwicklung, der Herstellung und dem Vertrieb von Regelungs- und Steuerungssystemen für Heizungs-, Klima- und Lüftungssysteme. Gleichzeitig ist die TEM AG aber auch als Lohnfertiger für anspruchsvolle Elektronik tätig und bietet mit ihren 120 Mitarbeitern umfassende Dienstleistungen in Entwicklung, Produktion, Logistik und After-Sales-Service an.

«Dass von uns eine höhere Qualität gefordert wird als von sogenannten ‹Billiganbietern›, versteht sich dabei von selbst.» Dem Konkurrenz- und Preisdruck begegnet die TEM AG durch gut ausgebildetes Fachpersonal, sichere und schlanke Prozesse, hohe Qualität, Innovation, Flexibilität, die gelebte Nähe zum Kunden und optimal unterstützende IT-Systeme erfolgreich.

Für die TEM AG war es wichtig mit JET ORBIT ein System zu wählen, welches bereits in der Standardausführung den hohen Anforderungen entsprach. Dazu gehörte auch die Integration der Finanzbuchhaltung.

Das breite JET-Produktportfolio bietet mittel- und langfristige Investitionssicherheit.

«Letztlich haben das gute Preis-Leistungs-Verhältnis, der System- und Funktionsumfang sowie der hohe Erfüllungsgrad unsere Erwartungen und Anforderungen zugunsten JET ORBIT und der Heyde (Schweiz) AG den Ausschlag gegeben.»

Lösungsanbieter: Heyde (Schweiz) AG (Firmenprofil Seite 90)

3 Spezielle Erweiterungen

So vielfältig die unterschiedlichen Firmen mit ihren individuellen Leistungen und Abläufen sind, so stark unterscheiden sich auch ihre Anforderungen an die betriebliche Software. Eine Unterteilung in Gruppen mit gleichen Anforderungen ist auf folgender Stufe möglich:

- Handel
- Dienstleistung
- Produktion

Die Anforderungen von Handelsbetrieben an die Softwareunterstützung sind insbesondere bezüglich der Integration zu Lieferanten und Abnehmern ausgeprägt, aber auch in Bezug auf die teilweise enormen Sortimentsgrössen und Lagerbewegungen. Hier kommen primär Warenwirtschaftssysteme zum Einsatz (siehe Seite 47 ff.).

Im reinen Dienstleistungsgeschäft werden nichtmaterielle Leistungen wie Beratung, Produktentwicklung oder Buchführung angeboten. Der Fokus liegt dabei oft auf der Projektführung, dem Dokumentenmanagement und der Kommunikation mit den Auftraggebern (siehe Seite 51, im Zusammenhang mit Handelslösungen).

Produzierende Firmen (ab Seite 30) transformieren Materialien und stellen in Bezug auf die Planung und Steuerung hohe Ansprüche, zunehmend auch an die Rückverfolgbarkeit. Oft verfügen diese Firmen über eine Produktentwicklung, welche hinsichtlich der Datenintegration eine anspruchsvolle Aufgabe darstellt.

3.1 Breite versus Tiefe

Umfassende ERP-Programme weisen eine enorme funktionale Breite auf. Wie detailliert die einzelnen Funktionen entwickelt sind, ist aber recht unterschiedlich und rechtfertigt die Existenz von Programmen, welche nur gerade auf einen einzigen Bereich wie zum Beispiel CRM fokussieren. Grundsätzlich ist es nicht unbedingt sinnvoll, nach möglichst grosser Funktionsbreite und gleichzeitig auch -tiefe zu suchen – die Anwendungen müssen schliesslich auch noch von den Mitarbeitern sinnvoll genutzt werden können. In den folgenden Unterkapiteln werden einige funktionale Erweiterungen gestreift, welche teilweise und bis zu einem gewissen Grad in ERP-Systemen vorhanden sind.

Spezielle Erweiterungen

> **Best Practice: Sulser Logistik AG | Automobilzulieferer / «Logistisch beweglicher ...»**
>
> Die Sulser Logistik AG mit rund 50 Mitarbeitern bietet schweizweit modulare Logistikdienstleistungen an. Sie ist in der Lage, bestehende und zukünftige Geschäftsprozesse im Bereich der logistischen Dienstleistungen durch hohen Integrationsgrad mit dem GUS-OS ERP zu optimieren. So verbesserten sich Ertrag und Qualität.
>
> Im Jahr 2007 übernahm die Sulser Logistik AG die Aufgabe, für AWM Plast Tech AG ein komplettes Logistikkonzept für die Belieferung von namhaften Automobilherstellern zu entwerfen und im Sulser Logistikcenter in Brunegg umzusetzen. AWM Plast Tech fertigt Spritzgussteile mit hohen Präzisionsansprüchen, die an zahlreiche europäische Werke der Marken VW, Audi, Fiat, Rover, BMW und Honda geliefert werden. Insgesamt produziert das Unternehmen alleine für diese Kunden der Automobilindustrie jährlich etwa 80 Millionen Teile, die zeitnah an die Werke geliefert werden müssen.
>
> **Lösungsanbieter: GUS Schweiz AG (Firmenprofil Seite 90)**

3.2 Customer Relationship Management

Im CRM (Customer Relationship Management) sind die drei Prozesse Marketing, Verkauf und Service zu unterscheiden, welche gemäss der folgenden Grafik unterschiedliche Adressaten ansprechen.

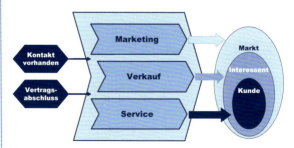

Abbildung 3: Die drei CRM-Prozesse

Zum Leistungsumfang eines ERP-Systems gehören mindestens die grundlegenden CRM-Funktionen für den Verkauf, denn in diesem Bereich ist ein enger Zusammenhang mit den anderen ERP-Funktionen gege-

Spezielle Erweiterungen

ben. An dieser Stelle soll nicht umfassend der Frage nachgegangen werden, ob ein eigenständiges CRM besser sei als eine integrierte Lösung. Detaillierte Informationen zu CRM finden sich im Booklet «CRM für KMU (?) – Erfolgreiches CRM: Für einmal keine Frage der Grösse» aus dem BPX-Verlag. Ausführungen zum Thema CRM im Service sind im Kapitel 6 «Service-Management» zu finden.

3.3 Dokumenten-Management

Wechselt der Informationsfluss von einem Medium zum anderen, spricht man von einem Medienbruch. Beispiel: Bestellungseingang per Fax und anschliessendes Eintragen in das ERP-System. Eine möglichst geringe Anzahl von Medienbrüchen ist anzustreben, denn jeder Medienbruch bedeutet einen personellen Aufwand zur Umsetzung von einem Informationsträger zum anderen und ist eine potenzielle Fehlerquelle.

Zeitbedarf

Im Unterschied zu anderen Informationsträgern weisen elektronische Daten einige Vorzüge auf:
- Einfach und schnell transportierbar
- Von verschiedenen Stellen und zur gleichen Zeit einsehbar
- Änderungen werden nachvollziehbar
- Schnelle automatische Suche möglich

Informationen, welche mehrfach genutzt werden, sollten im Unternehmen aus den angeführten Gründen zu einem möglichst frühen Zeitpunkt vollständig elektronisch erfasst und nicht mehr in andere Medien umgesetzt werden. Dazu gehören aber neben den Möglichkeiten der IT eine entsprechende Änderung der individuellen Arbeitsorganisation und auch die nötige Disziplin, um zu verhindern, dass nicht immer wieder Dokumente ausserhalb des IT-Systems geschaffen werden. Die resultierenden Vorteile entschädigen für den Aufwand. Beispielsweise kann eine telefonische Kundenanfrage sofort kompetent durch einen stellvertretenden Sachbearbeiter beantwortet werden, sofern im IT-System sämtliche Information digital verfügbar ist, also beispielsweise inklusive Skizzen, Faxnachrichten oder Telefonnotizen.

Zur Verwaltung von ursprünglich papiergebundenen digitalisierten Dokumenten, aber auch von Dokumenten, welche auf elektronischem Weg erzeugt wurden, dient das Dokumenten-Management-System (DMS). Ein DMS verfügt über mehr Funktionalität als eine Dateiablage in einem Filesystem. In einer Datenbank werden vielfältige zusätzliche Informationen über die Dokumente geführt (Metadatenverwaltung), welche das Ordnen und Suchen vereinfachen. Berechtigungsmechanismen, Versionskontrolle und «Check in/Check out» sorgen für die korrekte Handhabung der Dokumente im DMS.

Das DMS nimmt nicht nur die klassischen kaufmännischen Formate auf, sondern kann auch nutzbringend eingesetzt werden für technische Dokumente wie Zeichnungen und Stücklisten (z.B. einer spezifischen Maschine) oder auch für Verträge. Nicht zu vergessen sind E-Mails, welche je nach Thematik ebenfalls im DMS aufzubewahren sind.

Ein DMS ist eine umfangreiche Installation aus Hard- und Software und je nach Leistungsumfang eine recht komplexe und entsprechend teure Angelegenheit.

Viele ERP-Systeme sind in der Lage, wenigstens einen Teil der im Unternehmen anfallenden Dokumente zu verwalten. Sinnvoll ist dies insbesondere, wenn ein Bezug zu den im ERP-System vorhandenen Informationen gegeben ist, z.B. über Kunden und Lieferanten. Um aber über das ganze Unternehmen auf effiziente Weise intelligente Suche, Auswertungen und Statistiken zu ermöglichen, führt kaum ein Weg an einer integrierten Wissensdatenbank vorbei.

Dokumente oder wenigstens deren Inhalt sind oft auch für den Zugriff über das Internet darzustellen und abrufbar zu halten. In Kombination mit diesen zusätzlichen Aufgaben des Content Managements wird das DM zum umfassenden ECM (Enterprise Content Management).

(Siehe auch BPX-Booklets «Records Management» und «Dokumentenmanagement & Archivierung»)

3.4 Crossmedia

Verkaufsseitig sind Firmen oft mit der Aufgabe beschäftigt, Produktinformationen für verschiedene Informationskanäle und unterschiedliches Zielpublikum aufzubereiten. Grafiken für den Prospektdruck oder Bilder für den Webshop unterscheiden sich zwar technisch, können aber vom gleichen Original stammen. Die Verwaltung der Grafiken im Originalformat wird in einer medienneutralen Datenbank vorgenommen. Neben den

Spezielle Erweiterungen

Grafiken spielen beschreibende Texte eine wichtige Rolle. Auch Texte müssen sowohl inhaltlich als auch in Bezug auf das verwendete Format für unterschiedliche Kanäle aufbereitet werden. Zusätzlich sind die Angaben mit weiteren Informationen aus dem ERP-System zu verknüpfen, wie Lagerbestand oder Preis. Mit geeigneten Konvertern lassen sich angepasste Kataloge, Inhalte von Webshops, Preislisten oder technische Übersichten ohne Medienbruch und mindestens teilweise automatisch erstellen. Der Zusammenarbeit über die Firmengrenzen ist spezielle Beachtung zu schenken:

- Können Produktlieferanten Fotos und technische Angaben direkt in die Datenbank einpflegen?
- Sind die Inhalte ohne Zwischenschritte für Abnehmer verfügbar?
- Können Produktinformationen automatisch in der gewünschten Form in die verschiedenen Shops und Kataloge der Händler integriert werden?

Ein Beispiel für eine Crossmedia-Anwendung findet sich im Best-Practice-Fall von Rüegg Cheminée auf Seite 26.

3.5 Workflow-Management

Die Workflow-Lösungen haben zum Ziel, zum richtigen Zeitpunkt die richtigen Mitarbeiter in den Arbeitsablauf einzubeziehen. Durch den firmenspezifischen Ablauf ausgelöst, legt das IT-System dem Mitarbeiter auf geeignete Weise die (klassischen) ERP-Daten zur Bearbeitung vor. Mit der Teilautomation von Abläufen (Workflow) ergeben sich Effizienzsteigerungen bei der Dokumentenerstellung, -prüfung und -freigabe, wenn das Workflow- und Dokumenten-Management-System aus einem Guss ist (siehe Praxisbeispiel KWC, Seite 42).

Die innerbetrieblichen Abläufe müssen von Zeit zu Zeit geändert werden. Besonders häufig sind Änderungen in den Details, zum Beispiel bei spezifischen Dokumentvorlagen. Die Workflow-Applikation muss Änderungen auf einfache Art ermöglichen. Das «GUS-OS»-ERP beispielsweise setzt einen Workflowmanager und einen Menü- und Bildschirmdesigner ein. Damit lässt sich der Workflow mausgesteuert den jeweiligen Bedürfnissen anpassen und ist sofort verfügbar. Mit jedem Workflow-Schritt können Anwender zusätzliche Parameter erfassen, wie etwa:

- Wer erhält einen Eintrag in seiner Aufgabenliste?
- Wer erhält in welchem Fall ein E-Mail?
- Ist ein nachträgliches Storno erlaubt?
- Ist eine elektronische Signatur erforderlich?

Spezielle Erweiterungen

Der Menüdesigner dient dazu, Bildschirme, Tabellen und Menüs individuell anzupassen oder neu aufzubauen. Wichtig ist, dass dies durch versierte Anwender möglich ist und keine Programmierkenntnisse erfordert.

Mit der Kombination von Workflow und DMS lassen sich viele Bedürfnisse des Qualitätsmanagements befriedigen. Auf ein separates Q-System kann verzichtet werden, speziell was Q-Handbuch und Darstellung der Abläufe betrifft.

3.6 Rückverfolgbarkeit

In der Verordnung Nr. 178/2002 des Europäischen Parlaments vom 28. Januar 2002 steht: «Es ist notwendig, ein umfassendes System der Rückverfolgbarkeit bei Lebensmittel- und Futtermittelunternehmen festzulegen, damit gezielte und präzise Rücknahmen vorgenommen bzw. die Verbraucher oder die Kontrollbediensteten entsprechend informiert und damit womöglich unnötige weitergehende Eingriffe bei Problemen der Lebensmittelsicherheit vermieden werden können [...] sie richten hierzu Systeme und Verfahren ein, mit denen diese Informationen den zuständigen Behörden auf Aufforderung mitgeteilt werden können.»

Best Practice: Zanotta AG | Aktenvernichtung

Zanotta AG steht seit 1952 für qualitativ hochwertige Dienstleistungen in der ökologischen Entsorgung und im Recycling von Altpapier und Akten.

Zanotta Sicherheit: «Wir gehören zu den führenden Aktenvernichtungsunternehmen in puncto Sicherheit und Service. Deshalb kam für uns nur ein ERP-System in Frage, welches bei der Rückverfolgbarkeit die höchsten Ansprüche erfüllt», so erklärt Peter Zanotta, Geschäftsführer der Zanotta AG, den Entscheid für GUS-OS ERP. «Unsere Akten-Sicherheitsbehälter, welche wir im Mietservice unseren Kunden zur Verfügung stellen, sind ein Sicherheitsprodukt und wir müssen jederzeit wissen, wo welche Sicherheitsbehälter stehen. Mit GUS-OS ERP haben wir eine Behälterverfolgung, welche den Ansprüchen der Chemie-, Pharma- und Lebensmittelindustrie nach strengsten Normen (GMP und BRC Lebensmittelverordnung Eu178/2002) Rechnung trägt – das erwarten unsere Kunden, denn sie vertrauen uns ihre sensiblen Daten zur Vernichtung an.»

Lösungsanbieter: GUS Schweiz AG (Firmenprofil Seite 90)

Spezielle Erweiterungen

In der Praxis bedeutet dies, dass Fragen wie «Wer lieferte die Milch, welche zur Produktion eines Käses verwendet wurde?» oder «An welche Kunden wurden die Kartoffeln eines bestimmten Produzenten geliefert?» beantwortet werden müssen.

Die Verfolgung vom Erzeuger zum Verbraucher wird «Downstream Tracing» und die Rückverfolgung vom Verbraucher zum Erzeuger «Upstream Tracing» genannt. Vor allem in Krisensituationen, wenn beispielsweise Schadstoffe in Lebensmitteln gefunden werden, ist die Rückverfolgung von grosser Bedeutung. Die Auskunft nach Produzent und nach Verkaufsfilialen mit dem betreffenden Produkt muss sowohl sehr schnell als auch treffsicher möglich sein.

Die Rückverfolgbarkeit ist damit ganz klar eine Aufgabe der Informatik, welche über das eigene Unternehmen hinausgeht und eine lückenlose Kommunikation über mehrere Unternehmen hinweg voraussetzt, damit anhand der Chargennummer eines Artikels nachvollziehbar wird, welche Ware an welchen Endverbraucher geliefert wurde.

Rückverfolgbarkeit auf manuelle Abläufe aufzusetzen bedeutet, dass laufend mit einer grossen Menge von Formularen viele Arbeitsschritte zu dokumentieren sind.

Speziell in Produktionsumgebungen ist es viel effizienter, die momentanen Daten direkt aus der Anlagensteuerung (SPS, Speicherprogrammierbare Steuerung) an das ERP zu liefern. Je höher der Automationsgrad, desto weniger manuelle Aufzeichnungen sind notwendig, um alle notwendigen Informationen lückenlos zu dokumentieren.

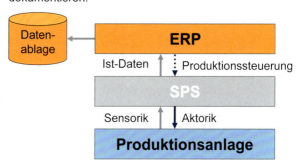

Abbildung 4: Ist-Prozessdaten, kombiniert mit den ERP-Daten, führen zur rückverfolgbaren Dokumentation

Spezielle Erweiterungen

Best Practice: Degradable Solutions AG | Medizinaltechnik, Bioresorbierbare Implantate

Seit der Gründung im Jahr 1999 entwickelt die Firma Degradable Solutions AG innovative resorbierbare Implantate. Um das gegenwärtige starke Wachstum bewältigen zu können, entschloss sich die Firma zur Beschaffung eines ERP-Systems.

Bei der Wahl der neuen ERP-Lösung mussten die ISO-Norm 13485:2003 und das firmeninterne Qualitätsmanagement erfüllt werden, wo Themen wie Chargenführung, Rückverfolgbarkeit, Wartung und Lieferantenüberwachung sehr zentral sind, neben den allgemeinen Anforderungen an Materialwirtschaft und Produktion. Alle diese und weitere Themen liessen sich mit Majesty problemlos abbilden.

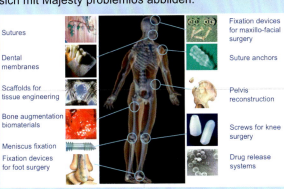

Die Einführung von Majesty startete mit der Datenübernahme für die Materialwirtschaft und anschliessend wurden die Module Einkauf und Verkauf implementiert. Als die Logistik eingeführt war, wurde die eigentliche Produktion produktweise ins Majesty übernommen und innerhalb von zwei Monaten komplett implementiert.

Mittlerweile arbeitet die gesamte Produktionskette der Firma erfolgreich mit Majesty, von der Auftragserfassung bis zur Auslieferung.

Lösungsanbieter: Majesty (Firmenprofil Seite 92)

Die Rückverfolgbarkeit mit durchgängigen Geschäftsprozessen über die Unternehmensgrenzen hinweg betrifft nicht nur die Hersteller von Lebensmitteln, sondern auch die Verpackungshersteller. Aber auch unabhängig von gesetzlichen Vorschriften sind viele Hersteller technischer Güter an solchen IT-Lösungen interessiert, um die Qualität ihrer Produkte steigern zu können. In der Medizinaltechnik sind die Anforderungen nach ISO 13485, Protokollierung nach FDA oder Reklamations- und Reparaturablauf nach CAPA einzuhalten. Interessante Hinweise finden sich auf www.rueckverfolgbarkeit.ch.

3.7 Validierung

Unter Validierung versteht man die dokumentierte Beweisführung, um zu belegen, dass ein Produktionsprozess die vorgängig definierten Eigenschaften in der Praxis reproduzierbar und mit einem bestimmten Mass an Sicherheit erfüllt. Validierung wird speziell in der Chemie- und Pharma-Branche gefordert. Die GxP-Richtlinien werden dazu von vielen Unternehmen als verbindliches Regelwerk zugrunde gelegt. Das Kürzel bedeutet «Good x Practice», wobei x beispielsweise für Manufacturing steht. Im Zusammenhang mit ERP-Systemen und Prozesssteuerungen ist insbesondere die «Good Automated Manufacturing Practice (GAMP)» zu beachten. Dieses umfangreiche Regelwerk ist zwar nicht gesetzlich bindend, wird aber von Auftraggebern den Lieferanten auferlegt. Aktuell wird die vierte Version verwendet, GAMP 5 steht vor der Veröffentlichung. Mit diesen Richtlinien sehen sich Hersteller konfrontiert, welche nicht mit pharmazeutischen Prozessen vertraut sind. Ein Beispiel dazu: Ein ERP-Hersteller, der zwar Referenzen aus der Verpackungsbranche (Non-Food) aufweisen kann, erhält einen Auftrag einer Verpackungsfirma für Medikamente. Die Prozesse des Auftraggebers müssen GAMP erfüllen und in diesem Zusammenhang muss die Software validiert werden. Die Validierung könnte bereits während der Software-Entwicklung nach dem deutschen Vorgehensmodell (V-Modell) erfolgen, welches eine feste Folge von Arbeitsschritten mit einer Entwicklungs- und einer Testphase vorsieht.

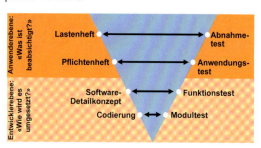

Abbildung 5: Das V-Modell: Pro Entwicklungsschritt ein Test

Spezielle Erweiterungen

Best Practice: Omida AG, Schwabe Pharma AG, Piniol AG | Pharma

Seit 1990 sind diese drei Firmen in Küssnacht angesiedelt. Alle Firmen konnten in den letzten drei Jahren kräftig an Umsatz und Gewinn zulegen, dies dank innovativer Produkte, hoher Produktqualität und konsequenter Marketingunterstützung. Die Omida AG wurde 1946 von Arthur Paulz in Bern gegründet. Die Firma, domiziliert in Boll, wurde 1982 von Josef Schibli in Küssnacht am Rigi übernommen. Um die Firma auf eine solide und erfolgreiche Basis zu stellen, wurde die Omida 1986 in die weltweit tätige Unternehmensgruppe Dr. Willmar Schwabe GmbH, Deutschland, übergeführt. Schwabe ist weltweit führend in der Herstellung und im Vertrieb homöopathischer und pflanzlicher Arzneimittel.

Zur Schwabe Gruppe Schweiz gehören zudem die Firmen Piniol AG (Therapie- und Wellnessprodukte) sowie die Schwabe Pharma AG (Spezialist für pflanzliche Heilmittel). Die Gruppe beschäftigt derzeit 70 Personen.

Zur Einführung der Pharma-Branchenlösung Blending:

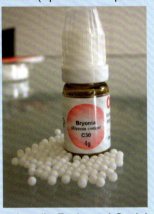

Nach einer langen Evaluation entschied man sich für IncoDev und Blending, weil IncoDev die Sprache der Homöopathie versteht und die Geschäftsprozesse zu 90% im Standard abdecken kann. Ausserdem hat die Fach- und Sozialkompetenz von IncoDev im Vergleich zu anderen ERP-Anbietern überzeugt.

Die Einführung inklusive prospektiver Systemvalidierung nach GAMP 4 wurde über alle relevanten Module der Risikoanalyse (Auftrag, CRM, Einkauf, Lager, LIMS, Rezepturverwaltung und PPS) realisiert und durch den Validierungsspezialisten von IncoDev begleitet. Anfang 2007 wurde die Gesamtlösung inklusive Rechnungswesen für alle drei Firmen erfolgreich produktiv.

Lösungsanbieter: IncoDev (Schweiz) AG (Firmenprofil Seite 91)

Der Software-Anwender sieht sich ausserstande, ein derartiges Prozedere mit vertretbarem Aufwand nachträglich an seinem ERP-System auszuführen – der Aufwand würde ähnliche Kosten verursachen wie das ERP-System selbst. Allfällige Anforderungen durch GxP sind daher sinnvollerweise bereits in der Beschaffung eines ERP-Systems zu berücksichtigen. Der ERP-Anbieter kann selbst die Validierung anbieten oder dazu ein spezialisiertes Unternehmen vorschlagen, welches weitere Elemente wie Apparate und Prozesse in die Validierung einbezieht.

3.8 Kommunikation von ERP zu ERP

Wenn einzelne Unternehmen gemeinsam planen oder punktuell zusammenarbeiten möchten, können deren ERP-Systeme dazu gebracht werden, dass diese gewisse Informationen direkt austauschen. Beispielsweise können Bestellungen verschickt werden, sobald ein definierter Lagerbestand unterschritten wird. Zwischen den einzelnen ERP-Systemen sind dazu die Schnittstellen zu definieren, also z.B. ein bestimmtes Fileformat. Darüber hinaus aber ist auch der Inhalt der zu übergebenden Datenfelder zu harmonisieren, damit die Transaktionen auch wirklich funktionieren. Genau dies kann extrem aufwendig werden, da sich in den meisten Fällen die Inhalte von Datenfeldern bei zwei Firmen zwar auf den ersten Blick gleich sind, bei genauerer Betrachtung aber andere Definitionen zugrunde liegen. Die Daten sind somit zu übersetzen, zu filtrieren usw., damit die Transaktionen auch wirklich funktionieren. Schon bei einer 1:1-Verbindung kann die notwendige IT-Schnittstelle extrem aufwendig zu realisieren sein. Soll nun aber eine grössere Zahl von Kunden oder Zulieferern angebunden werden, ist der Aufwand kaum mehr tragbar, auch der Unterhalt wird extrem aufwendig.

Anstatt n:n-Verbindungen zwischen Firmen aufzubauen und zu unterhalten, werden deshalb Netzwerke angeboten, welche die Kommunikation zwischen den IT-Systemen der Marktteilnehmer ermöglichen und darüber hinaus auch weitere Dienstleistungen erbringen. Der Grundgedanke ist, dass sich jeder Marktteilnehmer nur an ein Netzwerk anschliessen muss und dieses den Kontakt mit den anderen Firmen und auch mit anderen Netzwerken übernimmt. Durch die grosse Anzahl angeschlossener ERP-Systeme kann die Anpassung an verschiedenste Schnittstellen professioneller gelöst werden als bei einer Einzelaktion.

> **Best Practice: Laumann & Co. | EDI in der Lebensmittelbranche**
>
> Die Laumann & Co. produziert für Grossverteiler wie Coop oder Spar Sirupe, Brotaufstriche, Dessertsaucen sowie Halbfabrikate für Bäckereien. Die Grossverteiler fordern von ihren Lieferanten die Umstellung auf den elektronischen Daten- und Dokumentenaustausch. Um den Aufwand für die Wartung der Schnittstellen zu vermindern und die Anbindung weiterer Kunden zu vereinfachen, setzt Laumann neu auf die ERP-Standardlösung von ABACUS mit der integrierten E-Business-Lösung AbaNet. Laumann verfügt so über eine universelle Plattform für elektronische Transaktionen mit Geschäftspartnern. Die Plattform wird zentral von ABACUS unterhalten. Über AbaNet erfolgt die Anbindung an verschiedene E-Business-Netzwerke. Die Formatanpassungen der zu übermittelnden Daten werden zentral von ABACUS durchgeführt.
>
> **Lösungsanbieter: ABACUS Research AG (Firmenprofil Seite 88)**

Die Finanzierung der Netzwerke basiert in der Regel auf der Anzahl der abgewickelten Transaktionen. Die Teilnahme an Netzwerken ist (nach Ansicht des Autors) eine vielversprechende Möglichkeit für KMU, um ein eigentliches SCM zu ermöglichen.

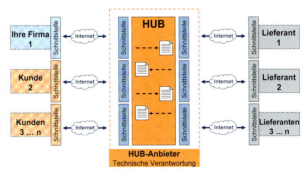

Abbildung 6: Plattform für firmenübergreifende Prozesse, io-market AG

Mit relativ bescheidenem finanziellem Einsatz kann ein beträchtlicher Nutzen in der firmenübergreifenden Zusammenarbeit erreicht werden. Nicht zu vergessen dabei ist allerdings, dass auch diese Netzwerke nur

Spezielle Erweiterungen

dann im Alltag der Unternehmen Nutzen stiften können, wenn deren Mitarbeiter und Prozesse darauf ausgerichtet sind.

3.9 Internationalisierung / Intercompany

Zunehmend sind Unternehmen nicht mehr monolithische Gebilde an einem einzigen Standort.

> **Best Practice: Rüegg Cheminée | Intercompany**
> **Durchgängig und grenzenlos**
>
> Die Globalisierung setzt neue IT-Massstäbe – auch hierzulande. Immer mehr Schweizer KMU sind international tätig. Standen vor Kurzem noch optimierte Produktionsabläufe im Zentrum, interessieren nun automatisierte Geschäftsprozesse über Unternehmens- und Ländergrenzen hinweg. So auch bei Rüegg Cheminée im zürcherischen Zumikon, die in den letzten Jahren ihre Tätigkeit vermehrt auch ins Ausland ausgedehnt hat und heute in vielen Ländern Europas sehr erfolgreich tätig ist.
>
> Um die Anforderungen der Auslandtätigkeit abdecken zu können, setzt das traditionsreiche Familienunternehmen auf Syz Informatik und deren Lösung «Swissaxis ERP». Die auf die Bedürfnisse von KMU massgeschneiderte ERP-Lösung ist eine der wenigen, die über eine Intercompany-Funktionalität verfügt. Die Zumiker sind so in der Lage, Geschäftsprozesse absolut durchgängig über alle Grenzen hinweg abzubilden. Ausserdem wird sichergestellt, dass auch die Niederlassungen in Frankreich und Österreich jederzeit über die richtigen Daten verfügen.
>
> Rüegg Cheminée ging noch einen Schritt weiter und führte gleichzeitig die Produkt-Informations-Management-Lösung «Mediando» ein. Automatisiert stellt das Unternehmen heute medienunabhängig Anwendungen her – vom Web-Katalog mit PDF-Datenblättern über den mehrsprachigen B2B-Shop mit zugehörigem Ersatzteilkatalog bis hin zum automatischen Druck von illustrierten Preislisten. Die medienneutrale Datenbank Mediando wird von Syz Informatik als exklusiver Schweizer Lizenzpartner der e-pro solutions, einem Spin-off-Unternehmen des renommierten Stuttgarter Fraunhofer-Instituts, vertrieben.
>
> **Lösungspartner: Syz Informatik (Firmenprofil Seite 95)**

Spezielle Erweiterungen

Bei mehreren Standorten ist oft eine gewisse Spezialisierung an den einzelnen Orten feststellbar, sei dies auf gewisse Produkte oder auf bestimmte Funktionen. In jedem Fall wirkt sich die geografische Verteilung sowohl auf die betrieblichen Prozesse als auch auf die Struktur des ERP-Systems aus.

Beispielsweise sollen die verschiedenen Lager für Materialabfragen zusammengefasst als virtuelles Lager handhabbar sein. Transporte zwischen den Standorten (Intercompany) sind die Folge.

Sind die Standorte international verteilt, sind diverse zusätzliche Aufgaben zu lösen, welche auf den unterschiedlichen steuerlichen und rechtlichen Systemen beruhen. Auf diese Hürden wird hier aber nicht weiter eingegangen.

Idealerweise werden die verschiedenen Standorte mit einem ERP-System von zentraler Stelle aus versorgt, sodass Informationen in jedem beliebigen Unternehmensbereich verfügbar sind, bei mehreren Mandanten und auch über den ERP-Anwenderkreis und das Unternehmen hinaus (Intranet/Extranet).

In der Realität wird aber sehr viel Geld investiert, um die historisch gesetzten IT-Systeme miteinander in Verbindung zu bringen.

3.10 Firmenübergreifende Zusammenarbeit

ERP-Systeme unterstützen in erster Linie die innerbetrieblichen Prozesse. Bei der Ankopplung von ERP-Systemen an die Kunden (E-Commerce) oder Lieferanten (E-Procurement) spricht man von E-Business.

Gerade dank der Webfähigkeit sind immer mehr ERP-Systeme in der Lage, mit ihren integrierten Modulen die Unternehmensprozesse sogar bis in die vor- und nachgelagerten Systeme zu unterstützen. So kann beispielsweise ein E-Shop auf einem «normalen» Kundenauftrag des ERP-Systems basieren, auf den jede Person über das Internet zugreifen kann. Diese Art der Integration hat kaum Schnittstellendiskussionen zur Folge; diese Lösungen sind kostengünstig und einfach in der Wartung.

Spezielle Erweiterungen

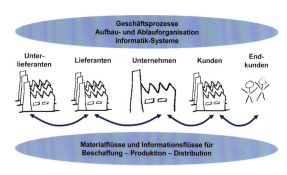

Abbildung 7: Firmenübergreifende Zusammenarbeit

Erweiterungen aus dem ERP-System betreffen diejenigen Firmen, welche mit dem eigenen Unternehmen in direktem Kontakt stehen, und kaum solche, welche in der Lieferkette eine entfernte Position einnehmen. Um informationstechnische Lösungen zu schaffen, welche Lieferketten oder Netzwerke über mehrere Stufen hinweg unterstützen, reichen klassische ERP-Systeme nicht aus.

Supply-Chain-Management-Systeme (SCM) sind ein Ansatz, um ERP-Systeme zusammenzuschliessen. SCM-Systeme übernehmen dabei die Modellierung, Simulation, Planung und Optimierung firmenübergreifender Lieferketten. Für den Betrieb interessieren dabei die Planungs- und Optimierungsvorschläge, die solche Softwaresysteme liefern können. Die Methoden werden als APS (Advanced Planning & Scheduling) oder APO (Advanced Planning & Optimization) bezeichnet.

Der Firmenkette übergeordnet ist ein SCM-System, welches die Daten aus allen ERP- oder Warenwirtschaftssystemen der einzelnen Firmen zusammenzieht und damit Berechnungen anstellt. Im Gegensatz zu ERP-Systemen, welche eher mit aktuellen und vergangenheitsbezogenen Daten arbeiten, wird im SCM-System zur Beantwortung zukunftsbezogener Fragestellungen nur mit aktuellen und mit Planwerten gearbeitet.

SCM-Systeme zielen auf das optimale Zusammenspiel aller Partner durch die Abstimmung von Waren und Dienstleistungen im Netzwerk und dienen der Planung von Mengen, Terminen und Kapazitäten.

Spezielle Erweiterungen

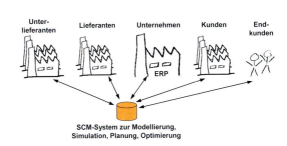

Abbildung 8: SCM konzentriert Daten aus Firmensoftware

Für KMU sind die angesprochenen SCM-Lösungen zurzeit wenig attraktiv; sie kommen nur für einen sehr kleinen Prozentsatz von Unternehmen sinnvoll in Frage. Hier einige der damit verbundenen Probleme:

- Enorme Investitionen notwendig
- Oft ungelöste Machtfragen (wem gehört das System?)
- Fehlendes Vertrauen für Dateneinblick
- Ungeklärte Rollen und Regeln der Beteiligten
- Relativ starre Firmenkonstellationen
- Hoher Koordinationsaufwand

Damit Firmen effizient in flexiblen Konstellationen und mit heterogenen Systemen zusammenarbeiten können, sind heute schlanke Tools gefragt. In jüngster Zeit entwickeln sogar grosse Firmen pragmatische Weblösungen, welche den gegenseitigen Einblick in Lagermengen erlauben, mit welchen sie Bestelldaten austauschen, allfällige Probleme durch Fertigungsengpässe (Maschinenausfall usw.) frühzeitig kommunizieren, um mit den Mitgliedern der Lieferkette schnell Lösungen finden zu können. Standardlösungen dazu sind noch kaum auszumachen, hier dominieren Individualentwicklungen.

4 ERP für produzierende Firmen

Bei produzierenden Firmen ist häufig die Kombination mit Handels- und Dienstleistungsaufgaben anzutreffen, was die Komplexität steigert und die Berücksichtigung vieler Spezialitäten verlangt. Diese «zusätzlichen» Prozesse werden bei der Ausschreibung einer Business-Software leicht vergessen. Beispiele für solche verrechenbare nichtmaterielle Leistungen sind Expertisen oder Entwicklungen von Kundenprozessen.

4.1 Merkmale produzierender Unternehmen

Um eine grobe Auswahl von Softwaresystemen und ein Fachgespräch mit Anbietern zu ermöglichen, ist eine griffige Charakterisierung des Unternehmens notwendig. Als hilfreich hat sich dabei eine Zuordnung des Unternehmens nach folgenden Merkmalen erwiesen:

- Produkt
- Produktionskonzept
- Auftragsart

Softwaresysteme weisen unterschiedliche Funktionalitäten und Stärken auf, die oft auf einzelne spezifische Ausprägungen dieser Merkmale optimiert wurden.

4.1.1 Produktstruktur

Beim Produkt ist die Art der Produktentstehung wichtig.

In der Prozessindustrie trifft man oft auf die divergierende Produktstruktur, bei der aus einem Grundstoff mehrere Produkte entstehen.

Viele Produkte entstehen durch den Zusammenbau aus Komponenten; sie weisen eine konvergierende Produktstruktur auf.

Abbildung 9: Produktstruktur als Unterscheidungsmerkmal

Besonders knifflige Softwareprobleme können bei Firmen entstehen, welche beide Produktstrukturen vereinigen. Beispielsweise werden aus Granulat Kunststofffolien extrudiert, welche zugeschnitten und zu Tragtaschen zusammengeschweisst werden.

4.1.2 Produktionskonzept

Produktentwicklung, Materialbeschaffung, Produktion und allenfalls auch Auslieferung müssen so terminiert sein, dass der versprochene Lieferzeitpunkt eingehalten werden kann. Je nach Länge der zugestandenen Lieferfrist lassen sich mehr oder weniger Arbeitsschritte zwischen Bestellung und Auslieferung ausführen. Alle Aufträge, welche vor der definitiven Bestellung auszulösen sind, stellen ein gewisses unternehmerisches Risiko dar und sind aufgrund von Vorhersagen mit stochastischen Methoden zu planen, welche nicht immer vom ERP unterstützt werden. Deterministisch, also nach festgelegten Regeln planbar, sind die Aufträge im rechten Teil der nachfolgenden Grafik.

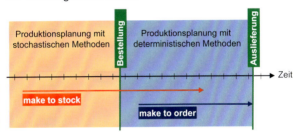

Abbildung 10: Methoden zur Produktionsplanung

Die in der Grafik mit «make to order» eingetragenen Aufträge lassen sich weiter spezifizieren:

• engineer to order	• keine Bevorratung
• make to order	• eventuell Rohmaterial an Lager
• assemble to order	• Kauf- und Eigenteile, eventuell Baugruppen, an Lager

Je nach Produktionskonzept sind unterschiedliche Herausforderungen und Chancen für die IT-Unterstützung gegeben:

ERP für produzierende Firmen

Produktions-konzept	IT-Unterstützung
• make to stock	• stochastische Planung der Aufträge und Lagerbestände
• engineer to order	• Projektmanagement und Produktentwicklung unter Einblick oder Mitwirkung des Kunden
• make to order und assemble to order	• Kunde definiert Auftrag mit Produktkonfigurator; Kunde hat Einblick in den Auftragsstatus

4.1.3 Auftragsart

In der Fachliteratur werden viele Merkmale und Ausprägungen für Auftragsarten unterschieden. Daraus interessieren hier diejenigen Kombinationen, welche besondere Anforderungen an die IT stellen:

Produktions-konzept	IT-Unterstützung
• Einzelstück	• Aufwandminimierung
• Wiederholauftrag	• Vorlage früherer Auftragsdaten
• Serienauftrag	• Rahmenvertrag mit Abruf, Losgrössenoptimierung
• Herkunftsnachweis	• Rückverfolgung nach Charge oder Position in Charge
• Flexibler Endtermin	• Rückwärtsterminierung
• Prozessfertigung	• Steuerung und Überwachung verfahrenstechnischer Prozesse mit Anbindung an Produktionseinrichtungen

4.2 Die Daten im ERP-System

Nachdem man klare Aussagen zu Produkt, Produktionskonzept und Auftragsart gemacht hat, geht es im nächsten Schritt um die Betrachtung der Unternehmensdaten.

4.2.1 Unterschiedliche Daten je nach Sichtweise

Bedingt durch die industrielle Arbeitsteilung werden die jeweiligen Daten oft von verschiedenen Mitarbeitern benötigt und gepflegt.

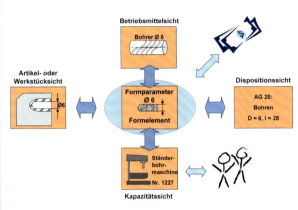

Abbildung 11: Verschiedene Sichten – verschiedene Daten
(nach [Schönsleben])

Auf ein und dasselbe Objekt sind so verschiedene Sichten üblich, welche in Bezug auf die mit dem Objekt verknüpften Daten die unterschiedlichen Bedürfnisse repräsentieren. Für das Gespräch mit Softwareanbietern und Beratern ist es sinnvoll, sich diese Daten und deren unterschiedlichen Einsatz zu vergegenwärtigen.

4.2.2 Die Rolle der Datenbank im ERP

Trotz der unterschiedlichen Sichten muss der korrekte Zusammenhang der Daten immer gewährleistet bleiben. Die zentrale Datenbank spielt dabei die entscheidende Rolle.

Die Datenstruktur, auf der ein ERP-System basiert, ist extrem umfangreich und komplex. Durch die Anbindung mit standardisierten Interfaces ist es den meisten ERP-Anbietern möglich, die Datenstruktur auf unterschiedliche Datenbanken zu portieren, je nach Kundenwunsch.

ERP für produzierende Firmen

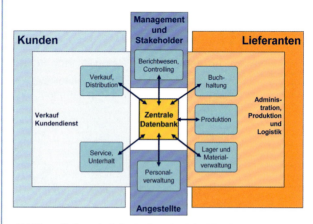

Abbildung 12: Zentrale Rolle der Datenbank im ERP [Davenport]

Nachfolgend eine kleine Auswahl häufig eingesetzter Datenbanken für ERP-Systeme:

Datenbank	Anbieter
- MySQL	- Open Source
- Oracle 11 g	- Oracle
- SQL Server 2005	- Microsoft
- DB2	- IBM
- Informix	- IBM

4.2.3 Stamm- und Bewegungsdaten

In ERP-Systemen wird zwischen Stamm- und Bewegungsdaten unterschieden. Sämtliche Daten, welche unabhängig von konkreten Aufträgen geführt werden, sind Stammdaten. Diese definieren beispielsweise Produkte, Kunden, Lagerplätze usw.

Bewegungsdaten hingegen fliessen aus der Auftragsabwicklung ein und beinhalten Angaben wie Bestelltermin, Auftragsstatus, Bestellmenge usw. Beim Wechsel eines ERP-Systems ist es normalerweise gut möglich, die Stammdaten auf das neue System zu übernehmen. Die Bewegungsdaten sind eher kurzlebig und eng mit der Logik des IT-Systems verknüpft, was den Transfer (sofern überhaupt sinnvoll) erschwert.

Best Practice: WEY Elektronik AG | Elektronik Entwicklung und Produktion

Die WEY Group ist eine in der Schweiz ansässige, weltweit operierende Entwicklungs- und Produktionsfirma, sie bietet einzigartige integrierte Lösungen im Bereich Finanzhandelsarbeitsplätze, Sicherheitszentralen, spezielle Anwendungen im Gesundheitswesen und Infotainment an. Im Bankensegment ist WEY die Nr. 1 für elektronische Handelsarbeitsplätze. WEY Group besitzt Niederlassungen in elf Ländern.

Im Herbst 2004 entschloss sich WEY Elektronik AG für tosca 2.6 und dynasoft AG. Der vereinbarte Produktivstart vom 1. Juni 2005 wurde eingehalten. Die 30 Anwender arbeiten mit den folgenden Modulen: Stammdatenverwaltung, Lager/Disposition, Einkauf, Verkauf und Service.

Zielsetzung: Mit einer voll integrierten ERP-Lösung alle Daten einmal erfassen und pflegen, aus jedem Programmmodul Schnittstelle für weiterverarbeitbare Excel-Auswertungen, Anpassbarkeit tosca an neue Lieferanten- und Kundenbedürfnisse, Mehrsprachigkeit und Web-Interface.

Einen Schwerpunkt stellt die Service-/Reparaturabwicklung dar. Für jedes Reparaturprodukt/jede Servicedienstleistung wird zwischen Verrechnung, interner Reparatur, Fremdreparatur, Kulanz, Garantie und Wartungsvertrag unterschieden. Auf der Auftragsposition sind die Artikel zusätzlich funktionell bezeichnet (Entsorgung, defekt, gratis, Austausch, Vorabaustausch).

Die vereinbarten Zielsetzungen wurden durch eine sachliche, partnerschaftliche und sehr lösungsorientierte Zusammenarbeit erreicht.

Lösungsanbieter: dynasoft AG (Firmenprofil Seite 89)

4.2.4 Funktionale Integration

Die Zusammenarbeit zwischen der Produktentwicklung und der Produktionsplanung ist oft organisatorisch und technisch anspruchsvoll. Die Abbildung 13: Funktionale Integration ist auch als «Scheer'sches Y» bekannt [Scheer]. Sie zeigt im linken Ast die dispositive Prozesskette, d.h. von oben nach unten von der langfristigen Planung bis zur Stücklistenauflösung beim konkreten Produktionsauftrag mit der anschliessenden Auftragsfreigabe. Nicht unbedingt zeitgleich läuft im rechten Ast die Planung und Konstruktion des Produktes. Als mittleres Element blau dargestellt sind Daten, welche gemeinsam genutzt werden könnten. Hellblau eingezeichnet ist die Werkstattebene, wo die in der orangen Fläche vorbereiteten Daten in materielle Produkte umgesetzt werden.

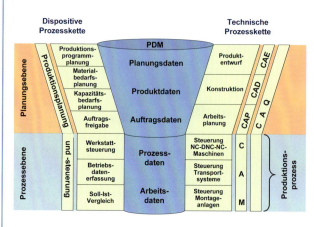

Abbildung 13: Funktionale Integration nach [Scheer]

Mindestens an der Schnittstelle zwischen Planungs- und Prozessebene müssen die Daten der dispositiven und der technischen Prozesskette gemeinsam vorliegen. Sind auch Produktdaten und sogar Planungsdaten gemeinsam nutzbar, so lassen sich Redundanzen mit den damit verbundenen Fehlern vermeiden.

Für Produkte, welche von den Kunden parametrisiert werden, bietet die IT wertvolle Unterstützung: Konstruktionsdaten ergeben zusammen mit den Kundeninputs die Auftragsdaten. Die funktionale Integration der «Ingenieurdaten» in das ERP ist anspruchsvoll, kann aber für bestimmte produzierende Unternehmen handfeste Geschäftsvorteile bieten.

4.3 PPS – Planung und Steuerung

Systeme zur Produktionsplanung und -steuerung (PPS) verfolgen verschiedene Ziele, welche wegen ihrer gegenseitigen Abhängigkeit nie alle gleichzeitig erreichbar sind.

Ziele der Produktionsplanung und -steuerung

- Hohe Transparenz und Auskunftsbereitschaft
- Hohe Termintreue
- Hohe Flexibilität und Lieferbereitschaft
- Kurze Durchlaufzeit
- Geringer Lager- und Werkstattbestand
- Hohe und gleichmässige Kapazitätsauslastung

Umfragen haben ergeben, dass weniger als 25% der KMU ihre wichtigsten Optimierungsziele erreichen. Oft wird versucht, diesen Missstand auszuräumen, indem nicht nur die Grobplanung von der IT unterstützt wird, sondern die IT auch eingesetzt wird, um die Planung in jeder Feinheit zu übernehmen.

Abbildung 14: IT allein löst organisatorische Probleme nicht

Zusammen mit der Zentrierung der Aufgaben in das PPS-System wird eine Person in der Auftragsabwicklung zunehmend durch die Datenpflege in Anspruch genommen. Es hat sich gezeigt, dass diese Situation zu folgenden Grundproblemen führen kann [Fischer]:

- Die Leistungsfähigkeit der Produktion wird durch die Kapazität der Planer begrenzt.

ERP für produzierende Firmen

- Die restlichen Mitarbeitenden können nicht oder nur sehr begrenzt mithelfen, die Auftragsabwicklung zu optimieren.

Viele PPS-Systeme bilden Philosophien und Methoden ab, welche die heutige Wettbewerbssituation nicht genügend berücksichtigen. Sie fixieren eine hohe tayloristische Arbeitsteilung: Der Planer muss planen. Eigentlich sollte aber der Planer der Produktion helfen, selbst zu planen. Planung soll Selbstplanung unterstützen und nicht vorschreiben, was zu tun ist. Mitarbeitende und Abteilungen sollen sich gegenseitig abstimmen können.

> **PPS ist nicht als reine Angelegenheit der Informationstechnologie zu sehen, sondern in hohem Mass auch als organisatorische Aufgabe.**

Damit die Planung zu einer Ressource wird, muss sie drei Funktionen erfüllen:
- **Orientierungshilfe:** Innerhalb seines Verantwortungsbereiches soll jeder sinnvoll Entscheidungen treffen können. Voraussetzung sind Verantwortungsbereiche und gemeinsame Ziele.
- **Überwachungshilfe:** Zielerreichung und -konflikte müssen im Sinne eines Controllings aufgezeigt werden. Die Betroffenen können dann Verbesserungsmassnahmen möglichst selbst durchführen.
- **Befähigung:** Planer und Mitarbeitende müssen ihr Verhalten ändern. Kompetenzen sind gefragt, um sinnvolle Entscheidungen treffen zu können und diese mit den Kollegen zu koordinieren.

Soll die Planung der Auftragsoptimierung dienen und diese drei Punkte erfüllen, so setzt dies auf allen Ebenen des Unternehmens Veränderungen voraus. Solche Veränderungen hängen sehr stark zusammen mit Motivation und Kompetenz, aber auch mit Information auf Seiten der Arbeitenden und damit mit Führungsverhalten und Kommunikation auf Seiten der Führenden. Die EDV allein ändert daran wenig. Sie kann aber solche Veränderungen unterstützen.

ERP für produzierende Firmen

Best Practice: Orbiswiss AG | Anlagenbauer für Medizinalprodukte

Effiziente Prozesse in der Produktion und im Verkauf ermöglichen dem innovativen Fertigungsunternehmen Orbiswiss aus Frauenfeld die ERP-Gesamtlösung von ABACUS. Innert nur drei Monaten konnte die Einführung der ABACUS-Gesamtlösung inklusive PPS und Auftragsbearbeitung realisiert werden. Heute verfügt Orbiswiss über ein leistungsfähiges Werkzeug, um ihre vielfältigen Produkte aus dem Medizinalbereich oder auch im Bereich der Spezialmaschinenfertigung optimal zu produzieren und zu verkaufen.

Die medizinaltechnischen Produkte werden weltweit vertrieben. Firmenkunden und staatliche Organisationen verlangen für die Zulassung dieser Produkte eine lückenlose Rückverfolgbarkeit bis auf die Stufe der einzelnen Komponenten. Diese Anforderungen kann die ABACUS-Software bestens erfüllen, denn alle relevanten Informationen werden bereits im Barcode verschlüsselt, mit dem die Produkte und die entsprechenden Lieferpapiere ausgezeichnet werden. Sowohl der Kunde wie auch die Orbiswiss haben damit die Gewähr, dass die Rückverfolgbarkeit jederzeit gewährleistet ist.

Das PPS-Modul von ABACUS bietet auch Stücklistenversionen auf Zeitachse und die Vorerfassung der Chargen.

Ein wichtiges Kriterium bei der Auswahl des Systems war auch die Unterstützung zukünftiger Kundenanforderungen wie die elektronische Rechnungsstellung und die Integration moderner Kommunikationsmittel unter Nutzung des Internets.

Heute nutzen 38 Anwender die Module für Verkauf, PPS und Finanzwesen.

Lösungsanbieter: ABACUS Research AG (Firmenprofil Seite 88)

4.3.1 Funktionen der Produktionsplanung

Die Produktionsplanung durchläuft nacheinander die Schritte der Produktionsprogrammplanung mit ihren unterschiedlichen Fristen, der Mengenplanung und der Termin- und Kapazitätsplanung. Es resultiert ein Fertigungsplan, der mit der Auftragsfreigabe an die Produktionssteuerung übergeben wird (siehe Abbildung 13: Funktionale Integration nach [Scheer]).

- Der Primärbedarf umfasst verkäufliche Endprodukte, Ersatzteile und Teile, welche als Reserve an Lager gehen sollen. Die Aufgabe der Produktionsprogrammplanung ist die Ermittlung des Primärbedarfs.
- Mit der Stücklistenauflösung wird aus dem Primärbedarf bestimmt, wie viele Bauteile, Baugruppen oder Zukaufteile zu beschaffen sind. Dies ist Aufgabe der Materialbedarfsplanung. Hier werden auch Losgrössen berechnet und – falls nicht bereits auf strategischer Ebene vorgenommen – «make or buy» festgelegt.
- Die Kapazitätsbedarfsplanung verteilt die einzelnen Fertigungsaufträge als Funktion der Zeit auf die Maschinen und Mitarbeiter. Mit Vorwärts- und Rückwärtsterminierung, Splitten und Überlappen sowie Bearbeiten von Pufferzeiten wird der Kapazitätsabgleich (Angebot und Bedarf) durchgeführt.
- Die IT kann für die Material- und Kapazitätsbedarfsplanung sehr ausgefeilte Tools zur Unterstützung anbieten. Grafische Darstellungen der Kapazitätssituation unterstützen die Übersicht, simulierte Auftragseinlastungen helfen bei der Entscheidungsfindung. Stücklistenauflösung und Losgrössenberechnung ist heute eine Standardaufgabe des PPS-Systems. Wenig IT-Unterstützung ist bei der Programmplanung zu erwarten – hier sind Vergleichsmöglichkeiten mit dem Vorjahresabsatz oder durch rollende Planung möglich.

4.3.2 Funktionen der Produktionssteuerung

Mit der Auftragsfreigabe werden die ermittelten Werte aus der Produktionsplanung in der Produktionssteuerung weiter präzisiert. Prioritätsregeln für die Reihenfolgeplanung werden hier eingesetzt.

Mit der Abarbeitung der Aufträge kommt die Betriebsdatenerfassung (BDE) zum Einsatz. Sie sammelt Informationen über den Auftragsfortschritt, was einen Soll-Ist-Vergleich ermöglicht.

Für die Produktionssteuerung wurden zahlreiche Methoden entwickelt und auch in Informationssystemen umgesetzt. Gerade bei kleineren Unternehmen und solchen, welche nicht primär grosse Serien herstellen, ist der Einsatz dieser Methoden sehr oft nicht sinnvoll. Sie stammen mehrheitlich aus der Automobilindustrie, sind einige Jahrzehnte alt und verfolgen das primäre Ziel der maximalen Produktionsauslastung. Die Kapazitätslimite (indirekt heisst das: die Finanzen) ist bei vielen Betrieben heute nicht mehr der Engpass. Sehr oft ist heute Zeit knapper als Geld. Wie viel und welche Art von IT-Unterstützung in der PPS sinnvoll ist, muss vor diesem Hintergrund sorgfältig abgewogen werden. Der Organisations- und Prozessgestaltung muss bei der Optimierung der PPS mindestens gleich viel Gewicht eingeräumt werden wie der Technik.

4.4 Datenaustausch zwischen CAD und ERP

Mit einfachen Zeichnungsprogrammen lassen sich zweidimensionale Darstellungen aus grafischen Grundelementen zusammenstellen. Diese einfachste Art von 2D-CAD-Systemen sind im Maschinenbau am Verschwinden, denn moderne CAD-Programme leisten heute viel mehr, als nur Zeichnungen zu erstellen. Festigkeitsberechnungen, Bewegungssimulationen und Datenaufbereitung für Fertigungsmaschinen sind einige interessante Stichworte dazu.

Während einfache Zeichnungen als Files abgelegt werden können und damit auch im ERP-System referenzierbar sind, basieren leistungsfähige 3D-CAD-Systeme auf objektorientierten Datenbanken. Dabei verwenden die meisten CAD-Systeme eigene Datenformate. Zwar werden auch standardisierte Formate wie DXF, IGES oder STEP angeboten, diese schaffen allenfalls den Zeichnungsaustausch zwischen CAD-Systemen.

Mit der Anbindung eines CAD-Systems an ein ERP ergeben sich viele Vorteile, unter anderem:

- Redundanzen bei Teiledaten lassen sich vermeiden
- Die richtigen Zeichnungen sind vor Ort sofort verfügbar (am Produktionsplatz, beim Service-Aussendienst, an der Wareneingangskontrolle usw.)
- Durchgängige Prozesse zwischen Konstruktion und Disposition werden möglich, welche z.B. im Fall von Qualitätsproblemen oder beim Produktein- und -auslauf schnelles und richtiges Handeln ermöglichen.

BPX. ERP für produzierende Firmen

Best Practice: KWC AG | Armaturenhersteller

Die KWC AG in Unterkulm ist mit 400 Mitarbeitenden der zweitgrösste Armaturenhersteller der Schweiz. Das variantenreiche Angebot an Fertigprodukten resultiert in einer Vielzahl von CAD-Zeichnungen bzw. 3D-Modellen, die laufend angepasst und revidiert werden müssen. Da CAD-Systeme oft Insellösungen sind, entsteht durch die fehlende Anbindung an die Unternehmens-IT für die Konstruktion der Nachteil, dass nicht direkt auf Produktdaten von Verkauf, Einkauf oder Fertigung zugegriffen werden kann. Auch für die KWC stellte sich heraus, dass ein effizientes Produktdaten-Management nur möglich ist über eine integrierte Gesamtlösung, die auf eine zentrale Datenbank für ERP- und CAD-Daten zugreift. Integration heisst in diesem Fall: Anbindung sowohl an die bestehende CAD-Umgebung als auch an die ERP-Funktionalitäten wie Produktion, Einkauf, Lagerverwaltung, Verkauf usw. Damit wird die Konstruktion, statt sie über Schnittstellen anzubinden, vollständig in die Workflow-Prozessketten des gesamten Unternehmens eingebunden.

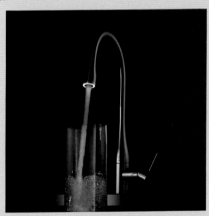

Das entsprechende Tool hierfür bietet proALPHA in Form der Schnittstelle CA-Link. Diese spielt in diesem System nicht nur die Rolle eines Datenvermittlers, sondern ist mit Intelligenz ausgestattet. Die ganzen Prüf- und Freigabeprozesse für Zeichnungen richten sich an den spezifischen Anforderungen des CAD-Systems aus und übersetzen diese auf die Bedürfnisse des ERP-Systems proALPHA.

Lösungsanbieter: Codex (Firmenprofil Seite 89)

BPX. ERP für produzierende Firmen

Die an sich naheliegende direkte Verbindung von CAD- und ERP-System ist aufgrund der beidseitig grossen Produktvielfalt und Komplexität oft nicht vorgesehen oder bietet – falls eine Schnittstelle vorhanden ist – nur rudimentäre Möglichkeiten. Für diese Schnittstelle werden deshalb zahlreiche spezialisierte Produkte angeboten unter dem Titel Product Lifecycle Management (PLM). Basis für ein PLM ist ein PDM (Produkt-Daten-Management) oder Engineering-Data-Management-System (EDM).

Die reinen Geometriedaten sind nur im CAD-System zu bearbeiten. Beispiele dazu sind Dispositionsmerkmale, Beschaffungsarten oder Materialart. Stücklisten müssen in beiden Systemen vorhanden sein und sollten daher durch die Konstruktion erstellt und vom ERP übernommen werden. Ähnlich kann dies für Arbeitspläne ablaufen. Änderungen an diesen Daten im Laufe des Produkt-Lebenszyklus sollten aber überall verfügbar sein, auch in der Konstruktionsabteilung. Ein bidirektionaler Datentausch ist daher anzustreben. Nur auf einem Weg laufen Grafikdaten vom CAD zum ERP. Es können beispielsweise PDF erzeugt werden für Offerten, Bestellungen und dergleichen.

Über die beiden Systeme hinweg stellt die bidirektionale Kommunikation einige zusätzliche Probleme wie das durchgängige Berechtigungskonzept oder die perfekte Handhabung von Versionen.

4.5 Produktkonfigurator

Um möglichst viele Kundenwünsche abzudecken, werden Produkte zunehmend in verschiedenen Varianten angeboten. Schon wenn eine an sich überschaubare Anzahl Komponenten des Endproduktes durch jeweils einige verschiedene Möglichkeiten ausgetauscht werden kann, so ergibt sich durch die Kombinatorik sofort eine beachtliche Anzahl von Varianten, welche schlecht handhabbar wird. Schwierig wird die Sache aber dann, wenn sich bestimmte Kombinationen ausschliessen. Das klassische Beispiel dazu ist das Cabriolet mit Schiebedach (was aber heute technisch machbar ist). Hier muss eine Produktlogik eingesetzt werden, um solche Kombinationen zu verhindern.

Ähnlich ist die Situation bei technischen Produkten oder Dienstleistungen, die eine oftmals stufenlose Skalierung einiger Parameter gestatten. Die einzelnen Parameter hängen oft über Formeln zusammen. Der Verkaufsin-

ERP für produzierende Firmen

genieur dimensioniert die Produkte, indem er auf Formeln und Grafiken zurückgreift, nicht selten mit Bezug auf sein persönliches, nicht dokumentiertes Wissen. Die Logik, auf die zurückgegriffen werden muss, liegt in diesem Fall in der Auslegung.

> **Best Practice: Ernst Schweizer AG | Metallbau**
>
> Als führendes Metallbauunternehmen bietet die Ernst Schweizer AG, Metallbau, mit rund 520 Mitarbeitenden ein breites Sortiment rund ums Bauen und Renovieren an. Die Produktpalette umfasst unter anderem auch Briefkasten- und Solaranlagen. Die Herstellung der zahlreichen Gestaltungsmöglichkeiten erfolgt in der Regel als Variantenfertigung. Seit der Einführung der integrierten Gesamtlösung proALPHA setzt die Ernst Schweizer AG, Metallbau, auch das Modul Produktkonfigurator ein, um die verschiedenen Produktvarianten zu definieren. Auf Basis dieser Daten werden Preise ermittelt, Vertriebstexte erstellt und auf Wunsch auch CAD-Objekte generiert. Mit denselben Daten können im Auftragsfall direkt Stücklisten und Arbeitspläne berechnet und generiert werden. Aufgebaut wird der proALPHA-Produktkonfigurator mit Formeln, Abfragen und Verknüpfungen.
>
> Lösungsanbieter: Codex (Firmenprofil Seite 89)

Mithilfe hinterlegter Tabellen, von Entscheidungsbäumen, Modellen, Formeln usw. schafft der Produktkonfigurator die notwendige Auslegungs- oder Produktlogik.

Bei manchen ERP-Systemen gibt es einen internen Produktkonfigurator. Leistungsfähige Konfiguratoren gibt es als eigenständige Lösungen, welche auf dem PDM (siehe Seite 43 oben) aufsetzen.

Vorteile

- Verbindliche Verkaufszusagen: Datenanbindung ans ERP ermöglicht die sofortige Prüfung von Lieferzeit, Lagerbestand, technischen Möglichkeiten.
- Keine falschen Bestellungen: Automatisch und ohne Medienbruch werden individuelle Stücklisten, Arbeitspläne und Zeichnungen direkt zur Produktion oder Bestellung übermittelt.
- Korrekte Produkt-Präsentation zur Klärung des Kundenwunsches durch Zugriff auf automatisch erstellte, korrekt massstäbliche technische Zeichnungen und berechneten Endpreis.
- Konzentration auf das Kundenbedürfnis statt auf technische Randbedingungen.

ERP für produzierende Firmen

- Möglichkeit der Aufgabenverschiebung: Der Kunde kann selbst wählen und braucht keinen Verkäuferbesuch.
- Wissen wird bewahrt durch Festhalten in der Konfigurationslogik (explizites Wissen).

Nachteile

- Pflegeaufwand der Logik-Daten
- Kosten Produktkonfigurator

Bedingungen

- Integration in ERP
- Mobiler Einsatz (vorzugsweise über Internet)

4.6 Vor- und Nachkalkulation

In der Auftragsfertigung und in Lohnbetrieben sowie im Handel von technischen Produkten kommt der Vorkalkulation eine hohe Bedeutung zu, dient sie doch als individuelle Basis für den Offertpreis jedes einzelnen Angebotes.

Während bei der Variantenfertigung der Produktkonfigurator die Preisberechnung übernehmen kann, lohnt sich dies bei der Auftragsfertigung kaum. Die Kostenberechnung «bottom up», d.h. von den Materialien und Operationen her, kann extrem aufwendig sein. Zwar gibt es für einzelne Branchen Berechnungsprogramme, z.B. für die spanabhebende Bearbeitung. Im Allgemeinen muss aber die Vorkalkulation in diesen Auftragsfällen mit viel Erfahrung erfolgen. Das ERP kann durch Vorlage ähnlicher Aufträge mit nachkalkulierten Kosten die Entscheidung lediglich unterstützen.

In der Serienfertigung hingegen hat die Vorkalkulation eine geringere Bedeutung und dient während der Einführungsphase neuer Produkte zur Berechnung der Herstellungskosten und des Verkaufspreises. Ist ein Produkt erst einmal eingeführt, kann man sich oft auf die Nachkalkulation beschränken.

Bei fast jedem Unternehmen wird der Verkaufspreis etwas unterschiedlich berechnet. Die vielfältigen Rabatte, Abzüge und Zuschläge können die Situation recht unübersichtlich werden lassen und müssen vom ERP-System bewältigt werden können. Zusätzlich müssen gerade bei grösseren Unternehmungen die Kosten zahlreichen Kostenarten und vielen Kostenträgern zugeordnet werden können.

ERP für produzierende Firmen

Best Practice:
Tulux AG | Leuchten und Lichtsysteme

Tulux gehört zu den führenden Schweizer Herstellern von Leuchten und Lichtsystemen. Tulux ist stolz darauf, dass ihre Markenprodukte ausschliesslich in der Schweiz entstehen. Seit 1948 gestaltet Tulux Licht. Was damals als Ein-Mann-Betrieb begann, ist heute ein internationales Unternehmen mit 200 Mitarbeitenden, die über 5000 verschiedene Produkte herstellen.

«Wir haben diverse ERP-Systeme evaluiert. Für die abas-Business-Software haben wir uns entschieden, weil diese unseren Anforderungen in Bezug auf Stücklisten/Varianten am nächsten kam. Offenheit für eigene Programmierung sowie gute Tools für die Pflege unserer grossen Datenbestände waren ebenfalls wichtige Kriterien der Evaluation. Das gute Preis-Leistungs-Verhältnis bekräftigte unsere Entscheidung», erklärt Louis Huber, Mitglied des Verwaltungsrates und der Geschäftsleitung sowie Leiter Informatik.

Spezielle Anforderungen von Tulux an die abas-Business-Software wurden in den folgenden Bereichen umgesetzt: Artikel-Kalkulation (Einzel- und Sammelkalkulation), Offerten-Verwaltung, VRG-Abrechnungen, Synchronisation von Stammdaten zwischen abas-Mandanten (Hauptsitz und Niederlassung) sowie individuelle Preisfindung im Ein- und Verkauf.

«BYTiCS AG hat uns bereits in der Pre-Sales-Phase mit sehr kompetenten Personen überzeugt», erklärt Louis Huber den Entscheid für den Partner BYTiCS AG.

Lösungsanbieter: BYTiCS AG (Firmenprofil Seite 88)

5 Warenwirtschaft für Handel

Best Practice: Musik Hug | Musikfachhandel / Filialübergreifende Auskunfts- und Lieferbereitschaft

Bereits seit 1994 setzt Musik Hug bei den verschiedenen Gruppen-Unternehmen und den Filialbetrieben auf die ERP-Software von Opacc. Ein wichtiges Geschäftsfeld der Musik-Hug-Gruppe ist der Bereich Musikalien (Noten und Bücher). Neben eigenem Verlag und dem Grosshandel bildet hier der Detailhandel einen wichtigen Pfeiler. Die Warenwirtschaft dazu erfolgte zentral und filialbezogen, nicht aber standortübergreifend.

MusikHug

Das Musikaliengeschäft hat starke regionale Ausprägungen. Dementsprechend verschieden sind die Sortimente in den einzelnen Filialen. Doch auch bei Musikalien zeigten sich Auswirkungen von «freier Verfügbarkeit» durch Herunterladen aus dem Web. Dem galt es durch die Schaffung und Nutzung von Kompetenz und Kunden-Mehrwerten entgegenzuwirken. Dies bildete den Anstoss zum Projekt für die Einführung einer standortübergreifenden Warenwirtschaft.

Durch das Zusammenlegen der regional ausgerichteten tiefen Sortimente in ein übergeordnetes «virtuelles» Lager werden diese Musikalienbestände jetzt für alle Filialen und auch zentral für Mitarbeitende und Kunden verfügbar. Sucht ein Kunde in einer Filiale ein bestimmtes Notenbuch und ist es hier nicht an Lager, so kann das Verkaufspersonal mit einer Abfrage prüfen, ob es entweder in einer anderen Filiale oder zentral verfügbar ist. Ist dies der Fall, wird dem Kunden gleich eine Lieferung nach Hause angeboten. Der Versand erfolgt ab jenem Ort, wo der Artikel sich gerade befindet. Aus Sicht des Kunden ist der Absender jedoch «seine» Filiale.

Das virtuelle Lager ist auch die Basis für den Webshop. Kunden haben die Auswahl aus über 270 000 Titeln. Davon sind 80 000 sofort lieferbar. Dieses Projekt führte zu steigenden Umsätzen.

Lösungsanbieter: Opacc (Firmenprofil Seite 94)

Als Warenwirtschaftssystem (WWS) bezeichnet man die Kombination aus mindestens den Modulen:
- Ein- und Verkauf mit Lager
- Finanzbuchhaltung (oft eine zusätzliche Software)

Bescheidene Stücklisten sind im WWS zwar möglich, aber die verschiedenen Sichten auf komplexe Stücklistenstrukturen oder sogar die Einbindung von Arbeitsplänen ist normalerweise nicht vorgesehen, da sich WWS in erster Linie an Firmen richten, welche die Materialien nicht verarbeiten.

Schwierigkeiten in der Umsetzung von WWS können sich unter anderem in folgenden Punkten stellen:

- Ändern der Verpackungsmengen, speziell bei der Konvertierung von Einheiten wie Meter in Stück, Stück in Liter usw.
- Führen verschiedener Artikelnummern (eigene Nummern, Lieferanten- und Kundennummern und deren Versionierung)
- Führen einer Vielzahl von Adressen (speziell in der Baubranche)
- Komplexe Preisstrukturen und Provisionen
- Streckengeschäft, d.h. Handel ohne Kontakt zum Material

Auf die letzten beiden Punkte wird weiter hinten eingegangen.

5.1 Grosshandel

Die professionelle Kundschaft im Grosshandel stellt spezielle Anforderungen, welche sich auf die IT-Systeme auswirken. In jeder Stufe der Wertschöpfungskette versuchen die Unternehmen ihre Lager klein zu halten, um möglichst wenig Kapital zu binden. Verarbeitende Unternehmen versuchen nach Möglichkeit, das benötigte Material erst zu beschaffen, wenn eine Bestellung vorliegt.

Vom zuliefernden Händler wird daher erst recht eine hohe Lieferbereitschaft und sofortige Anlieferung erwartet.

Warenwirtschaft für Handel

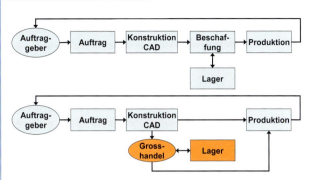

Abbildung 15: Der Händler übernimmt für den Produzenten das Lager

Die IT kann die Handelsfirma effizient unterstützen mit:

- Lagerverwaltungssystem (LVS)
- Planungs-Funktionalitäten
- Elektronische Anbindung an Kunden und Lieferanten (B2B – Business to Business)

Die Verwaltung von Lagerorten und die Art der Lagerbewirtschaftung kann in der Regel ein WWS selbst übernehmen, was bei manuell geführten Lagern im Allgemeinen ausreicht. Sobald mindestens teilweise automatisierte Systeme zum Einsatz gelangen, stellt sich aber die Frage nach der Schnittstelle zum WWS, da sich die Funktionalitäten von LVS und WWS je nach Anbieter stark überschneiden können. Insbesondere greifen die beiden Systeme zur Unterstützung der Kommissionierung ineinander, wenn beispielsweise für die sichere Identifizierung der Teile im Lager ein Artikelbild vom ERP zur Verfügung gestellt werden soll.

Im Handel reicht das klassische Bestellpunktverfahren zur Lagerbewirtschaftung oftmals nicht aus. Bei Lebensmitteln muss der Bestand vielleicht nach FEFO (First Expired, First Out) geführt werden: Das Produkt mit dem jeweils nächsten Verfalldatum wird unabhängig vom Eingangsdatum als Erstes ausgeliefert. Diese fortgeschrittenen Planungsfunktionen sind längst nicht in jedem WWS selbstverständlich.

Warenwirtschaft für Handel

Best Practice:
A. Tschümperlin AG | Baustoffhandel

Der Baustoff-Spezialist für Hoch- und Tiefbau und Gartengestaltung mit Sitz in Baar ZG entschied sich für die junge Business-Software NVinity. Die A. Tschümperlin AG gehört zu den führenden Lieferanten von Baustoffartikeln und produziert zum Teil selbst.

Da bereits die Vorgängerlösung von NVinity, SQL-Business, über eine Branchenlösung für Baustoffhandel verfügt, überzeugte der IT-Dienstleister – die LOBOS Informatik AG – mit solider Branchenkompetenz.

Die Anforderungen der Anwender sind bei LOBOS seit Jahren bekannt und mit NVinity umgesetzt. Schon im Standardumfang bleiben praktisch keine Wünsche offen. Die umfassende Funktionalität war also ein wichtiges Entscheidungskriterium wie auch die moderne Technologie von NVinity.

NVinity ist webbasiert, plattformunabhängig, ausfallsicher und sehr gut updatefähig, da die Software individuelle Zusatzprogrammierungen in einem Package-System komplett und problemlos in die nächste Version mitnimmt.

Als besonders angenehm, leicht bedienbar und benutzerfreundlich beurteilte die A. Tschümperlin AG die Oberfläche von NVinity. In Zukunft arbeiten fünfzig Mitarbeiter an verschiedenen Unternehmensstandorten mit NVinity.

Lösungsanbieter: LOBOS Informatik AG (Firmenprofil Seite 92)

Warenwirtschaft für Handel

Die elektronische Anbindung an Kunden und Lieferanten kann wesentlich weiter gehen als nur bis zu einem Online-Shop. Die Abbildung 15 zeigt – stellvertretend für andere Formen der Zusammenarbeit – wie ab Konstruktionsarbeitsplatz die Bestellung direkt ausgelöst wird. Selbstredend ist für diese intensive Form der Zusammenarbeit weit mehr nötig als nur eine geeignete IT. Ein tiefes gegenseitiges Verständnis für die Prozesse und hohes Vertrauen sind Voraussetzung.

Eine weitere Aufgabe des Handels ist die Beratung. Die IT kann hier Inhalte zur Verfügung stellen und personalintensive Abläufe automatisieren. Ein gut geführtes DMS (Kapitel 3.3, Seite 16) mit Zugriff übers Internet und allenfalls Anbindung ans CRM (Kapitel 3.2, Seite 15) kann der Türöffner für neue Kundenkreise sein.

5.2 Kassenlösungen für Einzelhandel

Unter Einzelhandel wird hier das Retailgeschäft oder Detailhandel verstanden. Mit seinen vielfältigen Erscheinungsformen richtet sich der Einzelhandel an den Endverbraucher.

Langsam, aber sicher wird hier die eigenständige Registrierkasse abgelöst durch Kassenlösungen, welche direkt mit dem WWS verbunden sind. Üblicherweise wird dazu ein PC mit der entsprechenden Software und einer Kassenschublade aufgerüstet, wobei sogar diese in der Minimalausrüstung entfallen kann. Ein Touchscreen bringt Komfort in der Bedienung, allenfalls kann die Eingabe mit einem Handscanner ergänzt werden. Kostenmässig ist diese Ausrüstung nicht mehr viel teurer als eine professionelle Registrierkasse, die sich in der Grössenordnung ab 3000 CHF bewegt.

Die Integration der Kasse in das WWS bringt auch für kleinste eigenständige Verkaufsgeschäfte Vorteile:

- Direkte Erfassung des Warenverkaufs ergibt eine laufend aktuelle Lagerübersicht
- Automatische Nachbestellung von Waren
- Automatische Übertragung in die Finanzabrechnung
- Zuordnung der Verkäufe zu Kunden

Warenwirtschaft für Handel

Best Practice:
Switcher SA | Kassensysteme, Retail

Mehr Erfolg und Umsatz durch höhere Effizienz und schnellere Reaktionszeiten – dies waren unter anderem die Anforderungen des Schweizer Modeunternehmens Switcher SA an die Software von Netretail, als sich die Geschäftsleitung Ende 2006 entschied, das gesamte Kassensystem ihrer 70 Filialen umzustellen. Ziel war es, auf einfache Art alle Daten der im Franchising-Verhältnis stehenden Switcher-Filialen in der Hauptzentrale der Switcher SA in Lausanne einzusehen.

Mit einer auf ASP.net (Application Service Providing) basierenden Software, mit welcher über einen einfachen Internetzugang jegliche Daten der Filialen auf die Stunde genau eingesehen und analysiert werden können, ermöglicht Netretail der Geschäftsleitung von Switcher SA, wichtige Umsatz- und Absatzanalysen durchzuführen, welche somit eine optimierte Filialsteuerung erlauben. Die Kassen in den Filialen sollten leicht verständlich, einfach zu bedienen und den Anforderungen der einzelnen Switcher-Filialen angepasst sein. So hat Netretail eine auf die Bedürfnisse der Switcher SA angepasste POS-Software entwickelt, welche gemäss Kundenzufriedenheitsumfrage einen grossen Mehrwert im täglichen Geschäft darstellt (z.B. Bestellung der Waren über Internet bei der Switcher-Zentrale). Durch den mehrsprachigen Service von Netretail können nun in der gesamten Schweiz die Filialen der Switcher SA von Netretail betreut werden und von den guten Serviceleistungen profitieren.

Lösungsanbieter: Netretail (Firmenprofil Seite 93)

Vereinfacht werden auch die üblichen Vorgänge wie das Erstellen und Einlösen von Gutscheinen, die Warenrücknahme oder der Umtausch von Artikeln, der Belegdruck für Gutschriften, die Gewährung von Rabatten usw. In der Minimalkonfiguration können mit einem einzigen PC sämtliche Aufgaben vom Einkauf bis zum Verkauf, Lagerbewirtschaftung, Buchhaltung, statistische Auswertungen usw. zu minimalen Kosten abgewickelt werden.

Sobald mehrere Verkaufsstellen betrieben werden, bringen vernetzte Kassenlösungen enorme Vorteile, wie im Praxisbeispiel Switcher SA zu lesen ist.

5.3 Streckengeschäft

Beim Streckengeschäft übernimmt ein Zwischenhändler die Informations- und Finanzflüsse. Der Warenfluss aber erfolgt direkt – der Zwischenhändler hat keinen physischen Kontakt mit der Ware.

Abbildung 16: Beim Streckengeschäft hat der Zwischenhändler keinen physischen Kontakt mit dem Material

Die Lieferung erfolgt in der Regel durch ein Transportunternehmen, welches vom Zwischenhändler oder dem Lieferanten selbst aufgeboten wird.

Viele Warenwirtschafts- oder ERP-Systeme sind vom Aufbau her für Streckengeschäfte ungeeignet, da sie darauf basieren, sämtliche Transaktionen über das Lager abzuwickeln. Finanztransaktionen ohne zugehörige Bewegung am Warenein- oder -ausgang sind nur mit Tricks möglich.

Gute WWS für den Handel ermöglichen es, das Streckengeschäft mit sämtlichen zugehörigen Transaktionen im Überblick zu behalten.

Warenwirtschaft für Handel

Best Practice: Lagerhäuser Aarau | Logistik

Die Lagerhäuser Aarau mit Hauptsitz in Buchs AG, mit Logistikcenter in Schafisheim, Hunzenschwil und Spreitenbach, übernimmt für Hersteller und Händler (u.a. Masterfoods, Ricola, Gustav Gehrig AG und Nestlé) die gesamten logistischen Dienstleistungen, welche zur Belieferung des Einzelhandels in der Gesamtschweiz notwendig sind.

Die Gruppe profitiert in diesem stark wachsenden Bereich von einer topmodernen Informatikplattform, welche eine durchgängige Chargenrückverfolgung vom Hersteller bis zum Einzelhandel garantiert, was seit 2005 im EU-Raum gefordert wird.

Durch die gut ausgebaute Infrastruktur und das Knowhow für Kontraktlogistik können Kunden von einer durchgängigen Prozesskette profitieren. Die Auslieferung der Produkte erfolgt im Normalfall innerhalb von 48 Stunden (Tendenz zu 24 Stunden).

Auf Wunsch übernimmt Lagerhäuser Aarau die gesamten Logistikprozesse – vom Order- und Bestandsmanagement über Chargenrückverfolgung bis hin zu Kommissionierung und Transport.

Zentrales Element der logistischen Infrastruktur ist die chargenorientierte ERP-Lösung der GUS Group, mit der Lagerhäuser Aarau nicht nur das Bestandsmanagement, die Kommissionierung und Konfektionierung abwickelt, sondern insbesondere die Herausforderungen einer durchgängigen Chargenrückverfolgung in der Lieferkette vom Hersteller über den Logistiker bis zum Einzelhandel sicherstellt. Die Fähigkeit zur Chargenrückverfolgung wird vom Handel mit immer mehr Nachdruck als Voraussetzung für Lieferanten und deren Dienstleister gefordert.

Lösungsanbieter: GUS Schweiz AG (Firmenprofil Seite 90)

5.4 Preisfindung

Ob Gross- oder Detailhandel – die Preisfindung wird als Verkaufsinstrument kreativ eingesetzt. Der Kreativität sollten nicht informationstechnische Grenzen gesetzt werden. Die eigenen Bedürfnisse sind daher mit den Möglichkeiten der angebotenen Software zu prüfen. Die Auflistung der folgenden Punkte in diesem Kapitel soll dazu dienen, mögliche Schwierigkeiten frühzeitig bei der Softwareauswahl anzusprechen.

Währenddem Abverkäufe und generelle Rabatte einfach zu verwalten sind, verlangen Treuerabatte, umsatzabhängige Rabatte oder Boni den Rückgriff auf die kumulierten Verkaufsdaten der betreffenden Kunden. Werden vorgegebene Rabattstufen über- oder unterschritten, sollte das System den Verkäufer automatisch auf diesen Umstand aufmerksam machen, um die Chance zur Vertiefung des Kontaktes wahrzunehmen.

Kumulierte Umsatzzahlen pro Verkäufer oder Standort müssen verfügbar sein, wenn eine Provision für Verkäufer realisiert werden soll.

Die Gewährung von Skonto oder auch von Frühbucherrabatt wiederum bedingt, dass die vorgegebenen Zeiten automatisch überwacht werden und die Integration in die Finanzbuchhaltung und das Debitorenwesen nahtlos funktioniert.

Eventuell lohnt es sich, Rabattabklärungen aufgrund von Mitgliedschaften der Käufer zu automatisieren. Der Link vom WWS zu den Mitgliederdatenbanken wird in der Regel Programmieraufwand mit sich bringen und ist kaum als Standard zu haben.

Als eigentliche Knacknuss kann sich die Preisstrukturierung in mehrstufigen internationalen Vertriebsorganisationen erweisen. Neben den Problemen mit Wechselkursen und den verschiedenartigsten Steuern können Diskussionen in Gang kommen, wenn die Endpreise offengelegt werden – was mit der Einführung von Internet-Shops fast zwangsläufig der Fall ist. Bevor historisch gewachsene Preisstrukturen mit grossem Aufwand in ein IT-System übernommen werden, lohnt sich allenfalls ein Versuch, die Strukturen zuerst zu vereinfachen.

Rabatte für Bundles oder Sets aus verschiedenen Produkten sind eventuell vom WWS nicht ohne Weiteres zu bewältigen. Die Prüfung des Lagerbestandes muss auf die kleinste vorhandene Zahl der verschiedenen benötigten Elemente abstellen, und beim Verkauf des Bundle sind die einzelnen Bestandteile auszulagern. Auf dem Lieferschein und auf der Rechnung ist das Bundle als einzelner Artikel aufzulisten, die gewährten Rabatte sind aber beispielsweise gleichmässig den einzelnen Elementen zuzuschreiben, damit eine Erfolgskontrolle möglich ist.

In manchen IT-Systemen sind mengenmässige Abweichungen schwer zu handhaben. Während ungewollte Verluste sich erst bei der Inventur zeigen und auf diesem Weg korrigiert werden, gibt es in einigen Branchen übliche Abweichungen von den vereinbarten Liefermengen. Diese können als Naturalrabatt (Überlieferung) vereinbart werden und sind damit nicht verrechenbar. Eine andere Variante ist die Abmachung, dass eine gewisse Über- oder Unterlieferung in Kauf genommen und auch entsprechend verrechnet wird. Damit ist die Bestellmenge mit der verrechneten Menge nicht identisch und muss über den Warenausgang erfasst werden.

5.5 Digitale Abrechnung / E-Invoicing

Im B2B-Bereich werden bedeutende Ressourcen benötigt, um Rechnungen zu erstellen, zu versenden, zu empfangen, einzugeben und freizugeben – Medienbrüche sorgen für Qualitätsprobleme. Die elektronische Rechnungstellung ist hier ein wesentlicher Treiber für Effizienzsteigerungen. Damit sind aber nicht punktuelle Lösungen wie das automatische Generieren und Versenden von Rechnungen per Mail gemeint. Effizient werden die Abläufe vor allem dann, wenn sie umfassend integriert und automatisiert werden, und zwar sowohl beim Anbieter als auch beim Abnehmer.

Dazu sind unabhängige Standards notwendig. In der Schweiz schafft swissDIGIN den notwendigen Rahmen. Details finden sich unter www.swissdigin.ch.

6 Service-Management

Neben den klassischen CRM-Prozessen im Verkauf und auch im Marketing (siehe Abbildung 3 auf Seite 15) bieten Aufgaben im Service-Bereich bei vielen technisch orientierten Firmen noch eine Menge Potenzial für den sinnvollen IT-Einsatz, beispielsweise bei langlebigen Investitionsgütern. Oft übernimmt der Hersteller jahrelang Serviceleistungen und führt dabei an den Maschinen Reparaturen und Änderungen durch: Verschleissteile werden ausgewechselt, Einstellungen modifiziert oder Maschinensteuerungen an die neuesten Entwicklungen angepasst. Um diese Leistungen beim Kunden zu optimieren, ist die genaue Kenntnis des aktuellen Zustandes der beim Kunden installierten Maschine Voraussetzung. Dazu muss beispielsweise die Stückliste bei der Auslieferung der Maschine «eingefroren» und ab diesem Zeitpunkt im Kundendossier geführt werden. Mit jeder Änderung an der Maschine muss auf geeignete Weise die Dokumentation nachgeführt werden, sodass diese auch nach Jahren noch aktuell ist und für den Telefonsupport, für Ersatzteillieferungen oder für die Planung des Monteur-Einsatzes korrekte Informationen liefert. Funktionen, welche das ERP unterstützen muss, sind unter folgenden Stichworten bekannt:

- Konfigurationsmanagement: Stücklisten, Zeichnungen, Einstellungen usw. nachführen. Wann wurden welche Teile ersetzt? Standort der Maschine? Welche Probleme sind aufgetreten und welche Lösungsansätze sind mit oder ohne Erfolg versucht worden?
- Call Management: Die Kundenmeldungen dürfen nicht untergehen und deren Bearbeitungsstatus ist transparent zu führen.
- Ersatzteilverkauf: Die richtigen Teile zum richtigen Zeitpunkt, allenfalls koordiniert mit Ressourceneinsatz eines Monteurs. Führen von Konsignationslager bei Kunden und in Auslandsvertretungen.
- Vertragsmanagement: Die vereinbarten Leistungen sind festzuhalten und gegebenenfalls sind Wartungsaufträge auszulösen (präventive Wartung) und periodisch in Rechnung zu stellen.

Die aufgelisteten Punkte hängen eng zusammen und können der Unternehmung durch die gegenseitige Vernetzung grossen Nutzen eröffnen.

Service-Management

Best Practice: Springmann SA | Familientradition im Dienst der Werkzeugmaschine

Firmengründer Wilhelm, Sohn Wilhelm und Enkel Frédéric – drei Generationen, zwei Vornamen und eine Gemeinsamkeit: das Engagement für den Familienbetrieb Springmann SA mit Sitz in Neuchâtel,  St-Blaise, Niederbüren und Feldkirch (A). Das Unternehmen ist seit 1920 exklusive Vertreterin europäischer Hersteller von Werkzeugmaschinen und auf den Verkauf und den Kundendienst spezialisiert. Mit Tausenden verkaufter und durch den Kundendienst betreuter Maschinen in der Schweiz, in Liechtenstein und in Österreich kommt dabei dem zentralen Servicemanagement-System, mit dem die umfangreichen Kundendaten verwaltet werden, eine zentrale Bedeutung zu.

Springmann SA hat sich nach einer intensiven Evaluation für ProConcept ERP entschieden. «Die Erfahrung und die Fachkenntnisse der Pro-Concept-Experten haben sofort unser Vertrauen erweckt. Daneben waren der Preis der Module sowie die Vitalität des Unternehmens ausschlaggebend», erinnert sich René Meyer, Informatikverantwortlicher bei Springmann SA. Die ERP-Lösung mit den Modulen «CRM/SRM» und «Kundendienst» wird unternehmensweit eingesetzt und überbrückt als moderne Applikation alle Sprach- und Landesgrenzen.  Den rund 30 Mitarbeitern steht damit vom Verkauf bis zum Kundendienst ein umfassendes Servicemanagement-System zur Verfügung, mit welchem der anhaltende Erfolg der Firma auch für die nächsten Generationen gesichert wird.

Lösungsanbieter: Sage Schweiz, ProConcept ERP (Firmenprofil Seite 94)

Service-Management

Mit dem Konfigurationsmanagement als Protokollierung des Life Cycle von Maschine und Kunde wird Wissen aufgebaut und verfügbar gemacht, welches wiederum beispielsweise im Call-Center oder als Selbsthilfe im Internet genutzt werden kann, wie auch für den Verkauf der am besten geeigneten Ersatzteile und Neuprodukte.

Die Unterstützung der skizzierten Aufgaben durch die IT kann einen Wettbewerbsvorteil darstellen. Die Kundenzufriedenheit beeinflusst das Image eines Unternehmens. Wie der Service unter anderem vor Ort abgewickelt wird, ist daher für die ganze Unternehmung wichtig. Über die technische Lösung hinaus ist folglich Bedingung, dass der Serviceprozess, die Organisation und die Mitarbeiter aufeinander abgestimmt sind. Insbesondere müssen die Aussendienstmitarbeiter mit geeigneten mobilen Geräten Informationen erfassen und abrufen können. Der weltweite Einsatz von Notebooks, PDAs und Mobiltelefonen am ERP-System stellt in diesem Zusammenhang eine Voraussetzung dar.

In vielen Unternehmen werden Leistungen mit Potenzial für eigenständige Produkte erbracht. Das Servicepersonal berät nebenher beispielsweise, wie der Kundenprozess entwickelt und verbessert werden könnte.

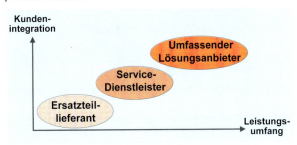

Abbildung 17: Mit passender IT das Service-Geschäft ausbauen

Vom Ersatzteillieferanten über den Service-Dienstleister bis zum umfassenden Lösungsanbieter lassen sich sowohl die Kundenintegration als auch der Leistungsumfang und Umsatz steigern.

Mit einer geschickt zugeschnittenen Business-Software sind Prozesse automatisierbar und erwecken für den Kunden trotzdem den Eindruck individueller Behandlung. Damit sollte mutmasslicherweise nicht nur der Umsatz, sondern auch der Gewinn steigen. Ein Praxisbeispiel zur Reparaturabwicklung ist bei der Firma WEY Elektronik AG auf Seite 35 zu finden.

Service-Management

Best Practice: NeoVac-Gruppe | Industrie / Service-Management

Die NeoVac-Gruppe umfasst zehn Firmen mit über 250 Mitarbeitenden. Vom Hauptsitz in Oberriet SG und sechs weiteren Niederlassungen aus werden Kunden in der ganzen Schweiz betreut. Das Leistungsangebot verteilt sich auf zwei Bereiche: Die NeoVac AG ist auf dem Gebiet Tankschutz, Tankrevisionen, Beschichtungen, Kaminanlagen sowie Industrieanlagen tätig und hat sich als Spezialistin auf die Lagerung und den Umschlag wassergefährdender Flüssigkeiten etabliert. Die NeoVac ATA AG ist in der Schweiz unbestrittene Marktleaderin für die verursachergerechte Abrechnung von Wärme und Wasser in Liegenschaften.

Service-Management ist bei der NeoVac AG ein zentrales Thema. Jährlich werden mehr als zehntausend Einzelgeräte gewartet. Zeitgerechte Service-Intervalle, eine intelligente Touren- und Einsatzplanung mit Leistungserfassung sowie eine flexible Funktionalität waren die entscheidenden Kriterien bei der Wahl von iFAS als Unternehmenslösung. Die weitgehende Automatisierung von Prozessschritten wie das Anlegen von Wartungsaufträgen, die Generierung der Auftragspapiere oder die Routenplanung unterstützt die komplexen Serviceprozesse auf effiziente Weise.

Mit iFAS der Schweizer Softwareherstellerin Info Nova AG gelang es, ein voll integriertes ERP-System einzuführen, welches nicht nur die Bedürfnisse beider Unternehmensbereiche zur Zufriedenheit der Anwender abdeckt, sondern auch flexibel genug ist, um Spezialanforderungen erfüllen zu können.

Lösungsanbieter: Info Nova AG (Firmenprofil Seite 91)

7 ERP-Auswahl

Ein breit angelegtes Forschungsprojekt in der Schweiz legte die Basis für die in diesem Kapitel beschriebene Evaluationsmethodik. Die Ergebnisse der empirischen Untersuchung von 237 Reorganisationsprojekten zeigen die Erwartungshaltung, die Hindernisse, die Erfolgsfaktoren und den Handlungsbedarf bei der Informatikeinführung auf. Die detaillierten Forschungsergebnisse und Ableitungen sind im Buch «Erfolgreich restrukturieren in KMU» dokumentiert [Hafen].

7.1 Erwartungshaltung der Schweizer KMU

Die Erwartungshaltung, welche mit dem Start eines Projektes zur Reorganisation und IT-Einführung verbunden wird, ist aufschlussreich. Die hellen Balken zeigen, welche Ziele von den Unternehmen als besonders wichtig eingestuft werden. Die dunklen Balken hingegen zeigen den Grad der Zielerreichung.

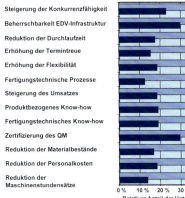

Abbildung 18: Ziele und Zielerreichung in KMU [Hafen]

Die Differenz zwischen den gesetzten Zielen und den erreichten Resultaten ergibt ein recht ernüchterndes Bild. Andere Studien aus dem Ausland bestätigen den Eindruck, dass ein hoher Teil der Projekte zur IT-Einführung scheitert: Zahlen zwischen 50% und 90% werden genannt!

ERP-Auswahl

7.2 Stolpersteine in ERP-Projekten

Nachfolgend sind die am häufigsten genannten Misserfolgsfaktoren aufgelistet:

- Das Projekt hat nicht genügend Personal, Geld und Zeit
- Das Projekt hat zu wenig Priorität gegenüber dem Tagesgeschäft
- Mangelnde Identifikation des Managements mit dem Projekt
- Mangelnde Sozialkompetenz im Projektteam
- Unklarer Handlungsbedarf bei den Betroffenen
- Unrealistische zeitliche Vorgaben für das Projekt
- Fehlende Schulung des Projektteams

> In erster Linie führen **nichttechnische** Gründe zum Scheitern von IT-Projekten.

Vordergründig erscheinen zwar oft die unzweckmässigen Rahmenbedingungen für das Projekt als kritisch, dahinter verbergen sich jedoch vielfach eine unklare Richtung und Gewichtung des Projektes und insbesondere fehlende soziale und methodische Kompetenzen auf allen Hierarchiestufen des Unternehmens.

7.3 Erfolgsfaktoren und Lösungsansätze

In Umkehrung der Stolpersteine ergeben sich die Erfolgsfaktoren, allen voran die tatkräftige Unterstützung durch das Management. Von den Projektleitern wurden folgende Punkte als Unterstützungsbedarf angegeben, um ein nächstes Projekt mit grosser Wahrscheinlichkeit zum Erfolg zu führen:

- Schnelle und effektive Grobevaluation
- Werkzeuge für das Projektmanagement
- Kommunikation und Kooperation unterstützen
- Fach- und Methodenwissen im richtigen Kontext
- Professionelle Berater

Sowohl beim Projektmanagement als auch bei der Kommunikation und Kooperation gilt es, über die internen Mitarbeiter hinaus auch die verschiedenen externen am Projekt Beteiligten in geeigneter Weise zu integrieren. Nützlich sind Tools, welche über das Internet einfach anzuwenden sind:

ERP-Auswahl

- Arbeitspakete mit Zuteilung der Mitarbeitenden, Budgetierung und Aufwanderfassung für Zeiten und Finanzen
- Transparent einsehbare Arbeitslisten, Pendenzen, Termine, abgleichbar mit den persönlichen Tools wie Outlook oder PDA
- Zentrale Dokumentationsablage. Idealerweise wird hier das Fachwissen situativ zur Verfügung gestellt
- Verzeichnis der Mitarbeitenden mit Adressen, Telefonnummern, Mail usw., ebenfalls synchronisierbar
- Kommunikationsunterstützung durch Chats, Foren, Mail, News usw. im Rahmen der Projektbeteiligten

In der Praxis hat sich gezeigt, dass solche Tools sehr wertvoll für die Zusammenarbeit im Projekt sind, aber dass sie oft nicht optimal genutzt werden. Als Basis ist ein eindeutiges Kommunikationskonzept festzulegen: Schnell wird die zentrale Dokumentenablage unterlaufen, wenn per Mail, Fax usw. verschiedene Versionen parallel verschickt werden. Die Berechtigungen der Projektbeteiligten sollten grosszügig eingestellt werden. Kommunikationstools werden nur genutzt, wenn alle Parteien sehr einfach, schnell und ohne Restriktionen damit arbeiten können.

> Werkzeuge für das Projektmanagement und die Kommunikation sollten möglichst offen gehandhabt werden. Sinnvolle Rollen und Regeln sind zur Unterstützung festzulegen und dürfen keinesfalls behindern.

7.4 Vorgehen für Evaluation und Einführung

Mit der Einführung einer Business-Software wird im ERP-System ein Abbild der Firma geschaffen: Die gewählte Aufgabenverteilung, die Organisationsstruktur und die Abläufe in der Firma sind Elemente dieser Abbildung. Komplexität und Detaillierungsgrad der Abbildung spiegeln sich in den Anforderungen an das Informatiksystem. Die längerfristige Zufriedenheit mit einer neuen, umfassenden Business-Software wird erreicht, indem die Softwareauswahl und Einführung zusammen mit der Gestaltung der Organisation erfolgt.

Informatikgestaltung und Organisationsgestaltung sind zwei Prozesse, welche im Idealfall zeitlich synchron laufen und gleichzeitig enden. Sobald die neue Informatik einsatzfähig ist, müssen auch die organisatorischen Strukturen dazu passen – und umgekehrt funktionieren die neuen Abläufe erst befriedigend, wenn sie von der

Business-Software gestützt werden. Zwischen den beiden Prozessen muss ein intensiver Austausch stattfinden, damit die Erkenntnisse gegenseitig einfliessen können. Die wichtigsten Phasen lassen sich weiter etappieren und daraus Aufgaben ableiten.

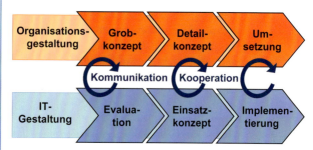

Abbildung 19: Synchronisation der beiden Prozesse der Organisations- und IT-Gestaltung

7.4.1 Organisatorisches Grobkonzept

In der ersten Phase im Prozess der Organisationsgestaltung sind die Soll-Prozesse festzulegen. Vorher empfiehlt sich aber, die aktuellen Ist-Prozesse abzubilden. Die Strukturierung nach den Vorgaben einer ISO-Zertifizierung eignet sich aufgrund der unterschiedlichen Zielsetzung für die ERP-Einführung leider nicht.

Zuerst sind die wichtigsten Prozesse der Firma zu identifizieren, mit welchen vielleicht 80% der Aufgaben erledigt werden. Zur Illustration hier die fünf Prozesse einer Firma in der Metallverarbeitung:

- Erstmaliger direkter Fertigungsauftrag
- Wiederholauftrag
- Halb- und Fertigfabrikatlager auffüllen
- Auftrag ab Halbfabrikatlager
- Auftrag ab Fertigfabrikatlager

Die Ist-Prozesse werden am besten mit einem «stellenorientierten Ablaufdiagramm» dargestellt. Die organisatorischen Einheiten (Stellen) bilden waagrechte Balken, in denen die Prozessschritte eingetragen werden, beginnend beim Kunden. Die Darstellung kann ergänzt werden mit den beteiligten Dokumenten und den Medien, welche für die Informationsflüsse genutzt werden. Die Prozesse müssen in Workshops mit den Betroffenen zusammen aufgezeichnet werden, um die Realität abzubilden.

ERP-Auswahl

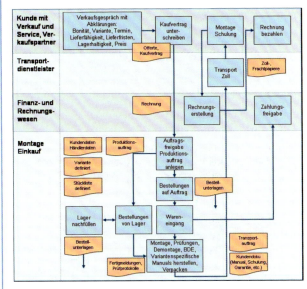

Abbildung 20: Ausschnitt aus einem stellenorientierten Ablaufdiagramm als Beispiel

Die Ist-Prozesse sind auf Stärken und Schwächen hin zu untersuchen, was am besten wieder in Diskussionen mit den Beteiligten geschieht. Lösungsansätze zur Überwindung der Schwächen dienen zur Gestaltung der Soll-Prozesse. Beispielsweise müssen Schnittstellen reduziert werden, um einen sinnvollen Aufgabenzusammenhang zu ermöglichen.

Genau gleich wie bei der Aufnahme der Ist-Prozesse ist für die Gestaltung der Soll-Prozesse die Diskussion des stellenorientierten Ablaufdiagramms zusammen mit den Beteiligten zielführend. Der Detaillierungsgrad der Darstellung sollte über die ganze Prozessdarstellung möglichst konstant bleiben, was nicht immer einfach ist.

Die Soll-Prozesse dienen nun als Basis für den Prozess der IT-Gestaltung, welcher mit der Phase Evaluation beginnt. Die Evaluation selbst wird aufgeteilt in die Grobevaluation und die Feinevaluation.

7.4.2 Vom Marktüberblick zur Einführung

Bis zu den Vertragsverhandlungen ist mit einer Dauer von mehreren Monaten zu rechnen, wie die Abbildung 21 zeigt. Dabei wird aber bereits vorausgesetzt, dass die organisatorischen Soll-Prozesse geeignet definiert sind.

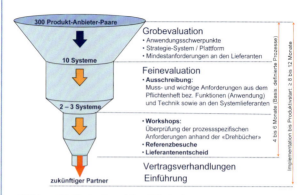

Abbildung 21: Evaluationstrichter [Fischer]

7.4.3 Marktüberblick ERP-Systeme

In der Grobevaluation ist zuerst der umfassende Marktüberblick zu erreichen. Dies ist wichtig, damit nicht in einem späteren Zeitpunkt des Projektes plötzlich Systeme und Anbieter auftauchen, welche die gefällte Entscheidung in Frage stellen und durch die entstehende Unsicherheit allenfalls den Rückhalt für das Projekt bei den Betroffenen schwächen.

Die in Frage kommenden Systeme müssen nicht auf dem internationalen Markt gesucht werden, denn in der Regel ist eine gute Portion von Eigenschaften notwendig, welche die Systeme für einen lokalen Markt auszeichnen. Dies im Gegensatz zu anderer Software wie beispielsweise CAD-Programme, welche aufgrund der internationalen Normierung wenig landesabhängige Komponenten aufweisen.

Vergleichbare Angaben zu allen relevanten Systemen für den Schweizer Markt sind über das Internet unter www.topsoft.ch aus einer Datenbank kostenlos abrufbar. Zurzeit handelt es sich um etwa dreihundert Datensätze mit je einem Produktanbieterpaar. Darunter sind diverse Produkte mit gleichen Namen zu finden, beispielsweise Microsoft Navision. Bei der Auswahl geht es nicht nur um das Softwareprodukt, sondern gleichberechtigt auch um das Unternehmen und die Personen, welche es auf die Zielfirma anpassen und zum Laufen bringen. Gut möglich, dass sich bei genauerem Hinsehen gleichnamige Produkte in Kombination mit dem Anbieter und dessen spezifischen Erfahrungen, Produktzusätzen und -erweiterungen frappant unterscheiden können. Leicht einsehbar ist der Nutzen dieser Paare, wenn der Anwender Softwarepartner sucht, welche in seiner geografischen Nähe sein und über spezifische Referenzen verfügen sollen. Eingeschlossen im Marktangebot sind selbstverständlich auch Systeme, welche sich für Schweizer Firmen mit internationalen Niederlassungen und grenzüberschreitenden Supply Chains eignen. Ergänzend zu www.topsoft.ch als Marktübersicht gibt www.benchpark.ch einen Eindruck von der Zufriedenheit der ERP-Nutzer.

7.4.4 Grobevaluation – Hauptkriterien

Das Ziel der Grobevaluation besteht darin, aus der Marktübersicht jene 6 bis 10 Systeme beziehungsweise Anbieter zu selektionieren, die den definierten Anforderungen am nächsten kommen.

In einem ersten Schritt werden die Hauptkriterien für die Grobevaluation im Projektteam, das Vertreter der Geschäftsleitung sowie aller relevanten Benutzergruppen umfassen sollte, festgelegt und gewichtet. Oft wird nun der Fehler gemacht, dass lediglich funktionale Aspekte aufgelistet werden. Es sind in dieser Phase aber fünf Hauptselektionskriterien zu berücksichtigen:
- Funktionale Abdeckung der Bedürfnisse
- Anpassbarkeit an zukünftige Bedürfnisse
- Potenzial des Systemlieferanten
- Referenzkunden
- Preis-Leistungs-Verhältnis

Die Anpassbarkeit an zukünftige Bedürfnisse muss möglich sein. Die installierte Informatik erweist sich leider sehr oft als grosses Hindernis für die Anpassung der Prozesse. Das ERP-System sollte so aufgebaut sein, dass es den Änderungen zu folgen vermag. Änderungen können vielfache Ursachen haben:
- Neue Produkte, welche einen Wechsel von der Serienfertigung in die Variantenfertigung erfordern, oder ein Dienstleistungsgeschäft, welches projektorientiert aufgebaut ist
- Zusätzliche Standorte, Holding-Struktur, Tochtergesellschaften
- Zusätzliche Sprachen, Währungen
- Andere Arbeitsmodelle (Heimarbeit, Aussendienst-Anbindung)
- Übernahme von Produktsortimenten mit anderen Artikelnummern

7.4.5 Feinevaluation

Für die Feinevaluation detailliert man nun die Prozessschritte. Basis hierfür sind die in den Soll-Prozessen der Grobevaluation festgehaltenen stellenorientierten Ablaufdiagramme (Kapitel 7.4.1). Der in der Abbildung 20 gezeigte Prozess «Neugerät» beginnt mit den Abklärungen während des Verkaufsgesprächs. Dieser Prozessschritt wird nun in allen Einzelheiten aufgelistet und tabellarisch dargestellt.

Teilprozess: Neugerät												
Input: Kundenanfrage, Besuchsvorbereitung												
Output: Bestellung oder Absage												
Zielsetzung: Vollständige Abklärung und Offertenerstellung während Kundengespräch												
Tätigkeiten	Geforderte IT-Unterstützung	Gewichtung			Erfüllungsgrad gemäss Anbieter			Beurteilung aus Anwendersicht				
		klein	mittel	gross	Standard	Anpassung	nicht verfügbar	geplant	schlecht	eher schlecht	mittel	gut	sehr gut
Verkaufsgespräch mit Abklärungen: Variante, Termin, Lieferfähigkeit, Lieferfristen, Lagerhaltigkeit, Preis													
	Präsentation der unterschiedlichen Produkt-Varianten mit Produktkonfigurator	☐	☐	☐	☐	☐	☐	☐	☐	☐	☐	☐	☐
	Terminabklärung mit Rückgriff auf interne Ressourcenplanung	☐	☐	☐	☐	☐	☐	☐	☐	☐	☐	☐	☐
	Klärung Liefertermin durch Information aus Komponentenlager	☐	☐	☐	☐	☐	☐	☐	☐	☐	☐	☐	☐
	Preiskalkulation über Variante, Termin, Kursrisiko, Rabattsatz	☐	☐	☐	☐	☐	☐	☐	☐	☐	☐	☐	☐
	Offertenerstellung	☐	☐	☐	☐	☐	☐	☐	☐	☐	☐	☐	☐

Abbildung 22: Beispiel Detaillierung der Anforderungen (nach [Hafen])

Um einen ganzen Prozess in diesem Detaillierungsgrad zu beschreiben, wird eine längere Auflistung entstehen. Die Abbildung 22: Beispiel Detaillierung der Anforderungen (nach [Hafen]) ist nur als Beispiel für einen einzigen Schritt zu verstehen. Die IT-Unterstützung ist nicht für jeden einzelnen Schritt für das Unternehmen gleich wichtig. In der Spalte «Gewichtung» lässt sich der Stellenwert festhalten.

Damit steht einer ersten schriftlichen Offert-Anfrage bei den Anbietern nichts mehr im Weg. Das zu versendende Dossier (Pflichtenheft) enthält mindestens:

- Firmenbeschreibung
- Prozessdiagramme

- Detaillierte Prozessanforderungen
- Grobes Einsatzkonzept
- Weitere, von den Prozessen unabhängige Anforderungen entsprechend den Hauptselektionskriterien, wie z.B. Angabe einer bestimmten Referenz, Hardware-Anforderungen, Leistungen für die Betreuung usw.

Der Anbieter trägt in die weitere Spalte der Tabellen nach Abbildung 22: Beispiel Detaillierung der Anforderungen (nach [Hafen]) ein, ob und wie er die entsprechende Funktion erfüllen wird. Allenfalls kann eine weitere Spalte sinnvoll sein, mit der er festhält, ob die Funktionalität mit Partnerunternehmungen oder zusätzlichen Softwareprodukten abgedeckt wird.

Der Vollständigkeit halber sind ebenfalls jene Spalten angefügt, welche zur Beurteilung der Systeme durch die Anwender genutzt werden. Die detaillierte Anforderungsbeschreibung an die IT-Unterstützung kann im Sinn eines Drehbuchs als Grundlage für die Durchführung von Workshops mit den IT-Anbietern dienen. Die Einschätzung aus Anwendersicht erfolgt erst im Rahmen dieser Workshops.

Bei der Evaluation spielen die Referenzen des Anbieters eine wichtige Rolle. Um die Referenzbesuche effizient und zielführend zu nutzen, empfiehlt es sich, mit den eigenen detaillierten Anforderungen die einzelnen Arbeitsschritte am implementierten System nachzuvollziehen. Nur zu leicht wird sonst der Referenzbesuch kaum mehr Erkenntnisse liefern als irgendein netter Ausflug ...

7.4.6 Einsatzkonzept

Mit dem Abschluss der Feinevaluation soll ein Beschaffungsantrag vorliegen, basierend auf dem Einsatzkonzept, welches von den zukünftigen Anwendern verabschiedet wurde.

Im Einsatzkonzept steht – grob gesagt –, welche Mitarbeiter mit welchen IT-Funktionen arbeiten werden. Damit Anbieter eine vernünftige Kostenkalkulation vornehmen können (siehe Seite 10), muss bereits ein grobes Einsatzkonzept im Pflichtenheft enthalten sein. Es ist weniger wichtig, dass dieses später genau so umgesetzt wird, als dass es für die Evaluation eine Vergleichsbasis schafft, welche von den Anbietern eingehalten werden muss.

ERP-Auswahl

Damit ist das Entwickeln des Einsatzkonzeptes eine Aufgabe, welche sowohl die IT- als auch die Organisationsentwicklung betrifft. In speziellem Masse steht in diesem Zusammenhang auch die Qualifikation der Mitarbeiter zur Diskussion. Die Detailaufgaben, welche in Form des stellenorientierten Ablaufdiagramms als Soll-Prozess dargestellt sind, müssen von Mitarbeitern ausgeführt werden.

> Vom Ist-Zustand zu den Soll-Anforderungen klafft bei der Mitarbeiterqualifikation oft eine Lücke, welche mit Schulung rechtzeitig geschlossen werden muss.

Veränderte Organisationsstrukturen, welche beispielsweise auf der Bildung ganzheitlicher Aufgaben und der Reduktion der Schnittstellen beruhen, sowie der Einsatz neuer technischer Mittel zusammen mit der Mitarbeiterförderung verlangen auch eine Veränderung im Führungsverhalten.

7.4.7 Pflichtenheft

Im Kapitel 7.4.5 ist der Inhalt des Pflichtenheftes aufgelistet. Das Pflichtenheft spielt eine zentrale Rolle in der Software-Evaluation. Oftmals werden im Laufe des Projektes auch mehrere Pflichtenhefte erstellt, welche die Business-Software zunehmend detaillierter und konkreter beschreiben. Ob diese nun nummeriert werden oder mit den Bezeichnungen «Pflichtenheft» und «Lastenheft» in ihrer Bedeutung unterschieden werden, spielt eine untergeordnete Rolle, wichtig ist der Inhalt und dass dieser von den verschiedenen Parteien auf gleiche Weise verstanden und interpretiert wird.

Intensiv muss man darüber nachdenken, wie die Antworten der Anbieter auf das Pflichtenheft ausfallen werden:

- Werden sich die Angebote vergleichen lassen?
- Wie hoch wird der Aufwand für den Vergleich?
- Soll die Form oder die Eingabefrist selektionieren?
- Sind Nachfragen möglich – und können diese mehr Klarheit bringen?

Die Gefahr ist sehr gross, dass man nach einer Ausschreibung an 20 Anbieter mit einem Berg von Prospekten und kaum vergleichbaren Angeboten konfrontiert ist, welche alle für sich in Anspruch nehmen, die am besten geeignete Lösung zu repräsentieren und alle Ansprüche abzudecken.

7.4.8 Drehbuch und Prototyping

Um aus den drei Systemen der engsten Wahl den geeigneten Partner zu finden, kann eine Vorführung nach Drehbuch organisiert werden. Der Anbieter zeigt alle Prozessschritte, wie sie beispielhaft in der Abbildung 22: Beispiel Detaillierung der Anforderungen (nach [Hafen]) aufgezeigt sind. Es wäre unzweckmässig und vom Volumen her unzumutbar, wenn die Vorführung in diesem Detaillierungsgrad für sämtliche aufgezeichnete Prozesse verlangt würde.

- Welche Schritte sind für dieses Unternehmen besonders kritisch,
- stellen einen spezifischen Geschäftsvorteil dar oder
- sind technisch speziell anspruchsvoll?

Bei diesen Punkten muss darauf bestanden werden, dass der Anbieter genau zeigt, wie die technische Umsetzung funktioniert. Es genügt bei Weitem nicht, sich mit einem ähnlichen Fall als Musterbeispiel zufriedenzugeben.

Es kann sich durchaus lohnen, ein Prototyping zu verlangen, um die kritischen Punkte in der Endauswahl vergleichen zu können. Der Prototyp muss die spezifischen Prozessschritte mit den vom Auftraggeber gelieferten Daten zeigen. Das Prototyping eignet sich auch, um bei einem einzigen favorisierten Anbieter die letzten Unsicherheiten auszuräumen und sicherzustellen, dass die Anforderungen erfüllt werden. Nach dem Prototyping kann notfalls noch ausgestiegen werden, falls sich der Erfolg nicht zeigt. Eine Investition in das Funktionsmuster im Umfang von 10% der anvisierten Lizenzsumme ist dabei gut investiert und wird bei Vertragsabschluss angerechnet.

> Die Systemvorführung nach Drehbuch muss von den Anwendern beurteilt werden. Vorab ist der Ablauf mit den Teilnehmern festzulegen und es sind verbindliche Aufgaben und Rollen zuzuweisen.

Die Auswertung der Vorführung ist unmittelbar anschliessend systematisch mit den Teilnehmern durchzuführen.

7.5 Einführung und Betrieb

Bei der Einführung von Business-Software sind der Aufbau und die Verankerung von themenspezifischem Wissen im betroffenen Unternehmen ein Erfolgsfaktor, den es zu berücksichtigen gilt.

> Als «Erfolg» lässt sich definieren, dass die Abläufe und die Mitarbeitenden im Unternehmen längerfristig umfassend von der Software unterstützt werden.

7.6 Vertragsabschluss

7.6.1 Der Weg zum Vertrag

Das risikolose IT-Projekt gibt es nicht. Deshalb ist es fahrlässig, Beschaffungen und Projekte ohne schriftliche Verträge zu realisieren. Mit dem Vertrag wird der Rahmen für die Zusammenarbeit mit dem Lieferanten der Software festgelegt. Für den Käufer hat das Projekt einen hohen Stellenwert – mit grosser Wahrscheinlichkeit werden unvorhergesehene Probleme auftauchen, welche auf der Basis einer gut funktionierenden Partnerschaft lösbar sind. Bereits der Weg zum Vertrag kann steinig sein und dadurch Chancen bieten:

> Auf dem Weg zum Vertragsabschluss wird nochmals die Möglichkeit geboten, die «Chemie» zwischen Kunde und Lieferant zu testen.

Einige Fragen können das Verhalten beleuchten:

- Wer genau ist die Ansprechperson? Welche Kompetenzen bringt diese Person mit und wird sie von ihren Mitarbeitern akzeptiert? Wie hoch sind die Tagessätze?
- Ist das Machtverhältnis der Partnerschaft ausgewogen?
- Nimmt der Lieferant auch unkonventionelle Wünsche auf?
- Ist es möglich, bei den auftauchenden Sachfragen in die Tiefe zu gehen und handfeste Antworten zu erhalten?
- Wie viel Zeit räumt der Lieferant für die Verhandlungen ein? Ist er in der Terminfindung flexibel?
- Wie geht der Anbieter mit heiklen Fragen um?
- Versucht der Anbieter seinen Standardvertrag durchzusetzen?

7.6.2 Standardverträge

Grundsätzlich muss man sich überlegen, wer den Vertrag aufsetzt und welche Konsequenzen daraus resultieren. Bei Streitigkeiten fällt die Interpretation eventuell anders aus, als man sich das beim Durchlesen eines fertigen Dokumentes vorgestellt hat! Als Verträge mit partnerschaftlichem Gehalt, als komplexe Langzeitverträge haben sich Informatikverträge schon lange vom klassischen Austauschverhältnis «Hier Leistung – dort Gegenleistung» entfernt. Der Grund dazu liegt darin, dass sich die Grundlagen des Vertragsabschlusses oft ändern oder sich nachträglich sogar als falsch herausstellen können. Der Fokus ist daher auf eine partnerschaftliche Zusammenarbeit zu setzen.

Der SWICO (Schweizerischer Wirtschaftsverband der Informations-, Kommunikations- und Organisationstechnik) hat sich für ICT-Standardverträge engagiert und Verträge ausgearbeitet, welche heute oft zum Einsatz gelangen. Hintergrundinformationen und Bestellmöglichkeiten finden sich auf www.swico.ch. Die Verträge selbst können zu vernünftigen Kosten erworben werden und decken ein breites Feld ab – von der freiberuflichen Mitarbeit über Softwareentwicklung bis zum Vertrag zur Lieferung eines integrierten Informatiksystems.

7.6.3 Betrieb

Der Betrieb der Business-Informatik ist ein sehr umfangreiches Thema. Die IT Infrastructure Library, kurz ITIL, bietet einen Leitfaden zur Unterteilung der Funktionen und der Organisation der Prozesse, die im Rahmen des serviceorientierten (im Gegensatz zum technologieorientierten) Betriebs einer IT-Infrastruktur eines Unternehmens entstehen (IT-Service-Management). Nach ITIL sind eine Fülle von Aufgabenstellungen definiert, die beim Betrieb der IT-Infrastruktur anfallen. Darunter fallen unter anderem die Bereiche Service, Sicherheit, Infrastruktur und Lebenszyklus der Applikation. Weiterführende Hinweise sind im entsprechenden BPX-Booklet «IT-Service-Management» nachzulesen.

8 Blick auf den ERP-Markt

8.1 Standardsoftware

Unter Standardsoftware wird eine «fertige» Software verstanden, die darauf ausgerichtet ist, von mehreren Unternehmen gekauft und genutzt zu werden. Bei den in den letzten Jahren eingesetzten ERP-Systemen handelt es sich in aller Regel um Standardsoftware.

Der Standardsoftware liegt ein Gedankenmodell zu Grunde, welches auf bestimmten Anwendungsfällen beruht. Sie deckt damit das Bedürfnis einer Branche ab. Der Begriff «Branche» ist in diesem Fall aber nur im weiteren Sinn zu verstehen, denn die Konfigurierbarkeit der Software erlaubt durchaus Anpassungen an unvorhergesehene Einsätze. In diesem Zusammenhang wird der Begriff Branchensoftware nicht eingesetzt. Die Anpassungsmöglichkeiten an die Gegebenheiten des Unternehmens sind teilweise recht gross, müssen aber mit entsprechendem Beratungsaufwand erarbeitet werden.

> **Best Practice: Geiser+Schwarz AG | Lebensmittel**
> **«Man soll Äpfel nicht mit Birnen vergleichen...»**
>
> Lagerung, Aufbereitung, Verpackung und Verteilung von Früchten und Gemüse stellen gerade an die logistischen Prozesse des Verarbeiters hohe Anforderungen. Bei der Geiser+Schwarz AG in Villigen ist daher bei der eingesetzten Simultan ERP-Lösung von Sage Schweiz neben den Modulen Finanz und Lohn vor allem die Applikation Auftrag gefordert. Von der Warenbeschaffung über die Lagerbewirtschaftung bis hin zu Produktion und Verkauf wird der ganze Prozessablauf unterstützt und abgebildet. Dabei ist für die Qualitätssicherung vor allem die durchgehende Warenflusskontrolle und Produkterückverfolgbarkeit von Bedeutung. Simultan ERP unterstützt diese vielfältigen Prozesse tagtäglich ohne Unterbrüche und sichert so an zentraler Stelle den Unternehmenserfolg.
>
> Lösungsanbieter: Sage Schweiz, Simultan ERP (Firmenprofil Seite 94)

Heute hat sich der Gedanke festgesetzt, dass eine Business-Software eine Standardsoftware sein muss. In Evaluationsprojekten wird eine Alternative kaum berücksichtigt. Standardsoftware einzusetzen ist absolut berechtigt, wenn sie die Prozesse des Unternehmens auch genügend gut unterstützt.

Blick auf den ERP-Markt

8.2 Branchensoftware

Die Branchensoftware fokussiert eng auf einen ganz bestimmten Wirtschaftszweig, beispielsweise auf die Sanitärbranche oder auf Pflegeheime, Garagenbetriebe usw. Die Branchensoftware wird dort erfolgreich eingesetzt, wo eine grössere Anzahl Anwender mit sehr ähnlichen Prozessen und Randbedingungen arbeiten. Branchensoftware wird oft von Branchenverbänden unterstützt, welche auch dafür sorgen, dass die branchenspezifischen Regulierungen in die Software Eingang finden. Ein Beispiel dazu ist die Baubranche mit dem Normpositionenkatalog.

8.3 Individualsoftware

Individualsoftware wird auf eine spezielle Aufgabenstellung hin entwickelt und dementsprechend ausschliesslich im dafür vorgesehenen Unternehmen eingesetzt. Sie lässt die Möglichkeit zu, die bereits vorhandenen Softwarelösungen zu integrieren, auszubauen oder sukzessive abzulösen. Die aus früheren Zeiten bekannten Vorbehalte gegen die Entwicklung von Individualsoftware wie Kostenüberschreitungen, unsichere Supportsituation und mangelhafte Release-Fähigkeit lassen sich aber auch heute nicht einfach vom Tisch wischen.

Trotzdem wird Individualsoftware wieder zunehmend zu einer ernsthaft zu diskutierenden Möglichkeit. Früher stand dem Programmierer nicht viel mehr als eine Programmiersprache wie beispielsweise Cobol oder Fortran zur Verfügung. Mit diesen aus heutiger Sicht bescheidenen Werkzeugen mussten alle erforderlichen Aufgaben, angefangen bei den eigentlichen Transaktionen über die Benutzeroberfläche bis hin zu den Routinen für das Verhalten bei Fehlern, selbst entwickelt werden.

> In den letzten Jahren ist die Basis, auf der mit selbst erstellten Programmen aufgesetzt werden kann, massiv breiter geworden.

Zur Entwicklung von Individualsoftware für Geschäftsapplikationen dominieren heute zwei unterschiedliche Technologien: «.net» und «J2EE». Während hinter «.net» das Unternehmen Microsoft steht und sich die darauf entwickelten Lösungen entsprechend gut in die «Microsoft-Office»-Welt einfügen, stammt «J2EE» von Sun, basiert auf deren Programmiersprache «Java» und nimmt für sich in Anspruch, weitgehend plattformunabhängig zu sein, das heisst auf unterschiedlichen Geräten und Betriebssystemen zu laufen.

Bei beiden Technologien handelt es sich um mächtige Werkzeuge, mit denen professionelle Applikationen in erstaunlich kurzer Zeit entwickelt werden können.

Softwarepakete umfassen heute bis zu mehreren Millionen Programmzeilen. Es liegt auf der Hand, dass solch gigantische Konstruktionen nicht am Stück geschrieben werden und nur wartbar sind, wenn sie extrem gut strukturiert sind.

Um trotz der vielen programmtechnischen Details den Überblick zu erhalten, wird angestrebt, den Abstraktionsgrad in der Programmentwicklung anzuheben. Über viele Entwicklungsstufen hinweg führte dieses Bestreben zur «Model Driven Architecture» (MDA). MDA verwendet ein aus den Geschäftsprozessen abgeleitetes Modell als Ausgangspunkt für die Software-Entwicklung. Seit kürzerer Zeit gibt es nun Werkzeuge, die direkt aus dem Modell den Programmcode generieren können.

Auch mit diesen modernen Werkzeugen ist die spätere Entwicklungsmöglichkeit der Individualsoftware nach wie vor ein heikler Punkt. Es kann beruhigend sein, einen Hinterlegungsvertrag für das Modell und den Sourcecode abzuschliessen. In einem vorgängig definierten Fall wie z.B. Insolvenz des Programmierers kann damit die bei einem Treuhänder hinterlegte Dokumentation verlangt werden. Ob und mit welchem Aufwand sich eine andere Person darin einarbeiten kann, bleibt allerdings immer noch eine offene Frage.

8.4 Bald nur noch zwei Softwareanbieter?

Die leistungsfähige Basis, auf der heute Programme erstellt werden, kommt nicht nur den Entwicklern von Individual-Software zugute; die gleiche Ausgangslage wird auch von den Standardsoftwareanbietern genutzt, die ihre Applikationen nach und nach auf die neuen Technologien umstellen. Vor diesem Hintergrund ist es wenig erstaunlich, dass die Anzahl der angebotenen ERP-Lösungen nicht kleiner wird, obwohl Prognostiker seit Jahren eine massive Reduktion auf ein paar wenige Anbieter vorhersagen. Zwar verschwinden einzelne Produkte und Hersteller, aber immer wieder schaffen es Anbieter, ihre Software komplett neu zu lancieren oder überhaupt neu am Markt aufzutreten.

Blick auf den ERP-Markt

Der Technologieschub führt auch dazu, dass sich die Grenzen zwischen Standard- und Individualsoftware immer mehr verwischen. Eher lokal agierende, kundennahe und umsetzungsorientierte Softwareunternehmen entwickeln auf der Basis eines Standard-ERP-Systems individuelle Erweiterungen, um unternehmensspezifische Bedürfnisse abzudecken.

> **Best Practice: Johnson Matthey & Brandenberger AG | Handel mit Edelmetallen**
>
> Johnson Matthey & Brandenberger AG ist eine 100%-Tochter von Johnson Matthey Plc. Sie besteht seit 1970 in Zürich mit 25 Angestellten. Der Betrieb ist aufgeteilt in die Bereiche Chemie, Verbindungstechnik und Bijouterie-Bedarf. Die Produkte enthalten Edelmetalle wie Gold und Silber. Das Edelmetall-Management und der Devisenhandel sind zentrale Bestandteile der Geschäfte. Der Produktivstart mit tosca erfolgte am 1. Oktober 2007 mit 25 Benutzern. Die vereinbarten Zielsetzungen mit dynasoft AG sind vollumfänglich erfüllt. Die Implementation erfolgte auf das Betriebssystem SUSE Linux. Datenbank- und Applikationsserver sind auf dem gleichen IBM-Rechner. Bedeutend sind die Edelmetalle, welche mit Konten (analog Bankkonto) auf Kunden- und Lieferantenseite verwaltet werden. Ebenfalls in der Auftragsbearbeitung eingebunden ist das Recycling der Edelmetalle. Jede Bewegung wird erfasst und ist rückverfolgbar.
>
> **Lösungsanbieter: dynasoft AG (Firmenprofil Seite 89)**

8.5 Open-Source-Software OSS

Auch wenn Unternehmen immer öfter Open-Source-Software (OSS) einsetzen, begegnen ihr doch noch viele potenzielle Anwender mit Ablehnung, weil die Mechanismen zur Finanzierung nicht bekannt sind und sie befürchten, sich mit ihren kritischen Geschäftsapplikationen auf idealistische Freizeitprogrammierer abzustützen. Es lohnt sich aber, die Frage nach Kosten und Risiken nüchtern anzugehen.

Bei Software, welche ohne Anpassung sehr weite Verbreitung findet, hat OSS bereits einen respektablen Anteil errungen. Beispiele sind das Betriebssystem Linux und Open Office. Ebenfalls breitgemacht hat sich OSS bei Software, welche nicht von jedermann betrieben wird, sondern bei der eine gewisse Professionalität im Umgang vorausgesetzt werden kann. Dazu gehören

Blick auf den ERP-Markt

Server-Betriebssysteme, Web-Server oder Content-Management-Systeme (CMS, für die Darstellung von datenbankbasierten Inhalten auf dem Internet). Diese Softwarekategorien stossen in der Verbreitung auf wenig Barrieren, primär ist es die Sprache der Applikation und des Supports.

ERP stossen auf zusätzliche Barrieren aus gesetzlichen Vorgaben und lokalen Spezialitäten. Integrierte Buchhaltung und Kostenrechnung müssen in der Landeswährung und weiteren benötigten Währungen funktionieren, und die Steuern müssen richtig gehandhabt werden. Die Anbindung an Banken und zum Teil auch an Behörden ist ebenfalls lokal recht unterschiedlich. Die Anpassung an die riesige Vielfalt von Bedürfnissen der Anwender und die geschäftskritische Bedeutung setzen einem ERP Barrieren in der Verbreitung: Lokaler Support ist unumgänglich, der Spielraum für Experimente klein.

Für die Selektion von OSS-ERP gelten die gleichen Mechanismen wie für die anderen ERP-Systeme (siehe Kapitel 4).

Die Kostensituation präsentiert sich mit OSS etwas anders:

- Keine Kosten für Softwarelizenzen
- Keine Kosten für Updates

Abbildung 2 zeigt, dass dies allerdings nur ein Teil der gesamten Projektkosten ist.

Interessant ist die Betrachtung von Chancen und Risiken bei OSS. Je grösser die Verbreitung einer Software, desto eher finden sich Interessenten, welche dafür Support anbieten, auch wenn der Anbieter selbst dazu nicht mehr in der Lage sein sollte. Je offener diese Software ist, desto leichter und interessanter wird es sein, diesen Support zu bieten. Software, deren Programmierung offengelegt ist, bietet daher grundsätzlich eine sehr gute Ausgangslage.

Bei OSS sieht man vergleichsweise gut in die aktuelle Entwicklung:

- Welche Technologien werden eingesetzt?
- Welche Probleme stehen an und wie schnell werden sie gelöst?
- Wie funktioniert das Projektmanagement?
- Wie wird das Releasekonzept gehandhabt?

Neben den allfälligen Kostenvorteilen kann diese Transparenz ein positiver Punkt für ein OSS-ERP sein, denn manche Anbieter kommerzieller Software sind in der Offenheit ihrer Kommunikation doch sehr zurückhaltend.

8.6 Integration in die Softwarelandschaft

Die meisten Firmen, die heute ein ERP aufsetzen, haben bereits Soft- und Hardware in Betrieb. Es empfiehlt sich, einmal eine gründliche Bestandesaufnahme zu machen und eine IT-Landkarte des Unternehmens zu zeichnen. Die Erfahrung zeigt, dass sich viele Unternehmen nicht bewusst sind, dass nicht bloss ein zentrales System betrieben wird, sondern viele zusätzliche Applikationen für verschiedenste Zwecke eingesetzt werden. Bei kleineren Firmen ist es durchaus üblich, dass ein Dutzend Systeme mit ihren eigenen Datenbeständen betrieben werden; grössere Firmen mit einer längeren Informatikvergangenheit und verzweigten Organisationsstrukturen bringen es durchaus auch auf hundert Systeme!

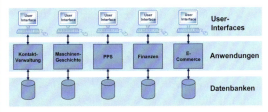

Abbildung 23: Heterogene Systemlandschaft

8.6.1 Integration bestehender Lösungen

Natürlich ist es aufwendig, bestehende IT-Landschaften vollumfänglich abzulösen. Nach Kräften wird also auch zu integrieren versucht. Eine Studie in den USA hat ergeben, dass die Unternehmen durchschnittlich 49 Systeme im Einsatz haben und ein Drittel der IT-Aufwendungen zur Integration einsetzen.

Die Probleme, welche sich bei der Integration stellen, sind bekannt:

- Aufwand für Schnittstellen-Programmierung
- Umfassende Schnittstellen-Standards sind nicht gegeben
- Laufende Anpassungen sind notwendig, speziell bei Release-Wechsel von einem der Teilsysteme

Blick auf den ERP-Markt

Zur Systemintegration werden zwei verschiedene Ansätze propagiert, nämlich EAI und BPM:

- Enterprise Application Integration (EAI) setzt beim Datenaustausch zwischen den Systemen an.
- BPM Business Process Management legt eine Prozessschicht über die Anwendungen und erlaubt die freie Zuordnung der Datenfelder aus den darunter liegenden Systemen.

Währenddem EAI-Software und die Anpassung an das Unternehmen für mittlere Firmen aus Kostengründen kaum in Frage kommen, sind BPM-Lösungen eher erschwinglich.

8.6.2 SOA und Integration

Serviceorientierte Architektur (SOA) ist im Moment ein sehr populärer Begriff. Mit SOA wird eine IT-Infrastruktur angestrebt, welche auf die Geschäftsprozesse ausgerichtet ist und die schnell auf deren Veränderungen angepasst werden kann. Mit SOA werden mehrfach verwendbare Programme und Programmteile als Services definiert und diese technisch eigenständig implementiert. Die Services werden in Verzeichnissen (Service-Repository oder -Registry) aufgelistet und sind i.A. auf firmeninternen Servern angelegt. Da sie mit der aufrufenden Software über das Internet über Protokolle wie SOAP, JMS oder MQ kommunizieren, sind sie aber grundsätzlich «ortsunabhängig». Interessant ist auch, dass Programmteile, welche sehr häufig verwendet werden, bereits als fertige, definierte und dokumentierte Services in Form von OSS (Kapitel 8.5, Seite 77) zu finden sind. Die Verwaltung und Orchestrierung einer grossen Zahl von Services zu einer Architektur, welche überwiegend aus Komponenten besteht, ist eine neue Aufgabe, welche nach geeigneter Software und Standards ruft.

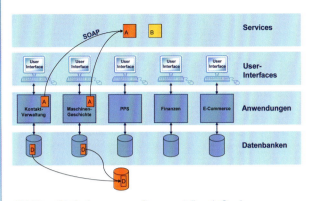

Abbildung 24: Auslagerung von Programmteilen als Services

Mit SOA kann (theoretisch) eine bestehende heterogene Softwarelandschaft schrittweise abgelöst und zusammengeführt werden. Dazu muss die redundante Logik identifiziert und als Services implementiert werden. Für KMU ist dieser Weg im Moment aus Kostengründen wohl weniger attraktiv, als ein komplett neues ERP zu installieren. Hingegen ist es wohl sinnvoll, bei einer neu anzuschaffenden Software Wert darauf zu legen, dass sie als SOA konzipiert wurde und damit eine gewisse Flexibilität und Investitionssicherheit mitbringt.

> Als attraktiver Weg zur Integration verschiedener Programme hat sich in neuster Zeit der Weg über einen externen Hub erwiesen. Gedacht für die überbetriebliche Zusammenarbeit, leistet dieser auch in der innerbetrieblichen Integration kostengünstige Leistungen. Siehe Kapitel 3.8 auf Seite 24 ff.

8.7 ASP – SaaS – die IT extern betreiben?

Irgendwann im Laufe der Grobevaluation muss die Frage gestellt werden, ob die neue Informatiklösung intern oder extern betrieben werden soll. Für sich allein gestellt, kann diese Frage nur emotional beantwortet werden, denn sie ist mit den im Kapitel 7.4.4 genannten fünf Haupt-Selektionskriterien völlig verzahnt. Die Emotionen spielen bei diesem Thema eine grosse Rolle; das zeigt sich im Gespräch mit Firmenvertretern, welche auf der Suche nach einer Business-Software sind. Sofort werden Argumente zur Sicherheit, der eigenen personellen Situation, zu Kosten, Abhängigkeit vom Anbieter

Blick auf den ERP-Markt

und dem aktuellen Marktangebot an geeigneten Lösungen in wilder Folge gestellt. «Ich will meine Firmendaten grundsätzlich nicht in fremde Hände geben», ist eine der Aussagen, welche fixierte Vorstellungen sichtbar macht. In diesen Komplex aus Fragen und Vorbehalten muss Ordnung hineingebracht werden. Dringend gilt es, die emotionalen Argumente auf eine sachliche Ebene zu bringen. Schafft man diese recht hohe Hürde nicht, erübrigen sich die weiteren Erwägungen, ob der externe Betrieb eine gangbare Alternative darstellen kann.

Die verschiedenen Abkürzungen haben auch in diesem Gebiet in letzter Zeit für Verwirrung gesorgt:

- ASP = Application Service Provider
- SaaS = Software as a Service

Die Idee ist grundsätzlich, dass die Software in einem Rechenzentrum betrieben wird und der Anwender nur noch über Browser und Internetzugang arbeitet. Skalierbarkeit, Unterhalt, Backup, Personalfragen usw. übernimmt der Anbieter.

Eine ASP-Lösung ist auf ein funktionierendes Datennetz zwischen Anbieter und Anwender angewiesen. Sicher könnte dieses zusätzliche Element Sicherheits- und Verfügbarkeitsprobleme verursachen. Die in der Praxis etablierten Anwendungen zeigen in diesem Punkt aber keine Probleme mehr.

> Die potenziellen Anwender sehen die beiden Themen Sicherheit und Verfügbarkeit als speziell kritisch, obwohl gerade darin herausragende Stärken eines seriösen ASP-Anbieters liegen.

Gefühlsmässig ist es zwar schön, die Firmendaten in den eigenen vier Wänden zu wissen. Tatsache ist aber, dass viele kleinere Anwenderfirmen im Vergleich zu einem professionellen ASP-Anbieter die Sicherheitsfragen doch recht unbedarft angehen und beispielsweise bei Systemausfällen die fachlich kompetenten internen Mitarbeiter vielleicht gerade unabkömmlich sind.

Der Kostenvergleich zwischen konventioneller Lösung und ASP ist recht knifflig, weil beispielsweise auch die (nicht) benötigten internen personellen Ressourcen zu berücksichtigen sind und nicht nur der «Cash out» für Hard- und Software.

Blick auf den ERP-Markt

Best Practice:
Ruckstuhl AG Langenthal | Designtextilien

«Die Vorteile von myfactory als webbasierte gehostete Lösung zeigten sich auch in unserem Unternehmen mit rund 50 Usern sofort: Kostenreduktion durch gehostete Server, einfache Vernetzung der Standorte und eine flexible Abbildung aller Prozesse mit einer integrierten Applikation sind nur die Kernpunkte.» Peter Ruckstuhl, Unternehmensleiter, Ruckstuhl AG

Die Ruckstuhl AG Langenthal versteht sich auf die Kunst, aus Naturwerten Kulturwerte zu schaffen, und verarbeitet nachwachsende Naturfasern zu hochwertigen Teppichen. Die Produktion dieser Designtextilien erfolgt in Langenthal. Der Vertrieb ist weltweit in eigenen Niederlassungen mit Showroom oder durch Landesvertretungen organisiert.

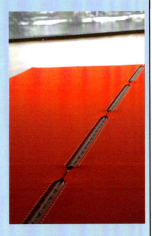

Eine Business-Software, die beim Provider gehostet wird und für den Zugriff lediglich einen Internetanschluss benötigt, keine Installation auf dem Client erfordert und dadurch auch völlig ortsunabhängiges Arbeiten ermöglicht, bringt jedem Unternehmen schnell Vorteile durch die Möglichkeit, alle internen und externen Partner beliebig in die Prozesse einzubinden. Der Funktionsumfang und die Verfügbarkeit von Modulen ermöglichte bei der Ruckstuhl AG die Ablösung der vielen unterschiedlichen Applikationen durch eine einzige Anwendung. myfactory bietet modular ERP, PPS, CRM, MIS, Portal, Dokumentenverwaltung, Finanz- und Kostenrechnung, Personal sowie Groupware nahtlos aus einem Guss.

Das Projekt wurde in enger partnerschaftlicher Zusammenarbeit realisiert und termingerecht fertiggestellt. Die vollständige Übernahme aller Daten aus dem alten ERP-System ermöglichte eine rasche Einführung. Nach gut drei Monaten waren alle Altsysteme durch myfactory abgelöst und produktiv im Einsatz.

Lösungsanbieter: myfactory (Firmenprofil Seite 93)

Blick auf den ERP-Markt

Kostenvorteile von ASP-Lösungen sind bei der Infrastruktur zu finden: Keine eigenen Server und relativ anspruchslose Clients sind attraktive Argumente.

Bei den Kosten für Service und Wartung spielt die Firmengrösse eine Rolle und auch die Frage, ob die notwendigen Kompetenzen intern vorhanden sind oder allenfalls aufgebaut werden sollen. Gerade bei kleinen Firmen, welche zudem noch keine IT-Abteilung etabliert haben, kann dieses eine Argument den alleinigen Ausschlag für eine ASP-Lösung geben. Nimmt man die Konzentration auf die unternehmerischen Kernkompetenzen ernst, so macht es wenig Sinn, einen hochqualifizierten Mitarbeiter zu einem Teil mit IT-Aufgaben zu belasten. In Bezug auf Verfügbarkeit und Qualifikation wird dessen Leistung auch beim besten Willen nicht an das Niveau des Angebots eines professionellen Service Providers reichen.

> ASP eignet sich dann besonders gut, wenn mit einer Standardlösung gearbeitet werden kann.

Verlangt der Anwender firmenspezifische Änderungen oder Zusätze, läuft es eher auf ein Outsourcing hinaus, denn die Applikation kann unter Umständen in der gewünschten Form nur noch für diesen einen Kunden eingesetzt werden.

> Generell kann gesagt werden, dass kleinere Firmen mit wenig individuellen Ansprüchen an die Softwaregestaltung leichter vorteilhafte ASP-Lösungen auf dem Markt finden können. Werden zusätzlich Argumente wie die Standortunabhängigkeit oder das Fehlen interner IT-Kompetenz stark gewichtet, so kann ein ASP-Angebot sehr attraktiv sein und die Software-Evaluation für sich gewinnen. Die alleinige Argumentation auf der Kostenseite kann als sehr komplex und wenig zielführend bezeichnet werden.

Ausführliche Informationen zum Thema ASP finden sich in den beiden Booklets «IT-Outsourcing, Managed Services, Application Service Providing» und «IT-Sourcing. Ressourcen & Kosten von IT-Diensten effizient managen».

9 Ausblick und Trends

Eine Prognose abzugeben, wohin sich Business-Software entwickelt, ist schwierig. Zum einen verwirren Werbesprüche und neue Kürzel, zum anderen ist aber die Entwicklungsgeschwindigkeit in der Softwarebranche nach wie vor enorm hoch.

- Webbasierte Architektur des ERP-Systems. Die Schlagworte «ERP II» und «RTE» (Real Time Enterprise) der amerikanischen Marktforschungsfirma Gartner Inc. sprechen in der Substanz Eigenschaften eines ERP-Systems an, welche auch für KMU relevant sind. Ganz grob gesagt wird mit ERP II die komplette Webarchitektur postuliert, mit RTE die hohe Reaktionsgeschwindigkeit durch sofortige Verfügbarkeit der Daten.

- **Prozessunterstützung**, Workflow-Management, Business Process Management: Gesamte Prozesse werden abgebildet, Benutzer in ihren operativen Tätigkeiten durch die Prozesse geführt, Aufträge in den Prozessen transparent abgebildet. Prozessänderungen lassen sich einfach über eine grafische Oberfläche realisieren.

- Zusätzliche Funktionen wie **Dokumenten-Management** oder **Web-Shop** im ERP integriert. Datenmehrfachnutzung auch zwischen Produktentwicklung und Disposition durch Produktdatenmanagement.

- Unterstützung **firmenübergreifender Zusammenarbeit** mit flexiblen Weblösungen und Hubs, siehe Seite 25.

- **Open Source** (Kapitel 8.5, Seite 77). ERP als Open Source sind in der Schweiz mit lokalem Support verfügbar. Business wird dabei durch die Beratung generiert. Open Source Software wird eine zunehmend wichtige Rolle spielen.

- **Verschmelzung von Hobby- und Business-Applikationen.** Zunehmend werden Applikationen aus dem privaten Bereich für Geschäftszwecke verwendet. Facebook, Xing u.A. für das Social Networking, Youtube, flickr usw. für den Tausch von Videos und Fotos, Doodle und diverseste Tools auf Google oder MSN, um schnell und praktisch ohne Aufwand funktionale Löcher in der vorhandenen Business-Software zu überbrücken.

10 Literatur & www

[Widmer]
Schätzung und Beeinflussung der Kosten von ERP-Systemen in Schweizer KMU
Thomas Widmer, Dissertation, Eidgenössische Technische Hochschule ETH Zürich, Nr. 15630, 156 S., 2004

[Davenport]
Putting the Enterprise into the Enterprise System
T. H. Davenport, Harvard Business Review, July-August 1998, S. 119–121

[Scheer]
Wirtschaftsinformatik
A.-W. Scheer, Springer Verlag, Berlin 1997

[Hafen]
Erfolgreich restrukturieren in KMU
Urs Hafen, Cuno Künzler, Dieter Fischer, vdf Hochschulverlag, Zürich 2000

[Fischer]
Vorlesungsunterlagen
Dieter Fischer, Fachhochschule Aargau

[Schönsleben]
Integrales Logistikmanagement
Paul Schönsleben, Springer Verlag, 4., überarbeitete Auflage

Internetadressen

www.topsoft.ch	ERP-Evaluationsdatenbank, ERP-Messe
www.benchpark.ch	ERP-Bewertungen durch Anwender
www.fhnw.ch	Weiterbildung E-Business
www.swico.ch	Schweizer Wirtschaftsverband der Informations-, Kommunikations- und Organisationstechnik

11 Stichwortverzeichnis

.net 75
Ablaufdiagramm 64, 65
APO 28
APS 28
ASP 12, 81
B2B 49, 56
BDE Betriebsdatenerfassung 40
Bewegungsdaten 34
BPM 80
Branchensoftware 75
Business Process Managmt. 16, 85
CAD 41
Call Management 57
CAPA 22
CRM 9, 15, 16
Datenbank 33 ff.
DMS Dokumenten-Management 16 ff., 85
E-Commerce 27
EAI 80
EDM 43
Enterprise Resource Planning 6, 7
E-Procurement 27
ERP 5, 6, 7
ERP-Einführung 64
Ersatzteilverkauf 57
Evaluationsmethodik 61
FDA 22
Feinevaluation 68
Funktionsmuster 71
GAMP 22
Grobevaluation 62, 67
Integration 27, 36, 79 ff.
Investitionen 6, 10
ISO 13485 22
ISO-Zertifizierung 64
IT-Landkarte 79
ITIL 73
J2EE 75
Java 75
Kalkulationsschemen 10
Kassenlösung 51
Kommunikation 24
Konfigurationsmanagement 57
Kostenüberlegungen 12
Leasing 12
Lizenzierungsmodelle 12
Lizenzkosten 9 ff.

Marktüberblick 66
MDA 76
Medienbruch 16 ff.
Misserfolgsfaktoren 62
Medizinaltechnik 22
Offert-Anfrage 68
OSS Open Source Software 77 ff.
Organisationsentwicklung 70
Organisationsgestaltung 64
Outsourcing 84
PDM 43
Pflichtenheft 68, 70
PLM 43
PPS 37 ff.
Preisfindung 55
Produktionskonzept 31
Produktionsplanung 36
Produktkonfigurator 43
Projektmanagement 62
Prototyping 71
Rechnungstellung 12, 56
Referenzbesuch 69
RTE 85
Rückverfolgbarkeit 14, 19
SaaS 81
Schnittstellen 65
SCM 28
Service-Management 57
SOA 80
Softwarebeschaffung 12
Stammdaten 34
Standardsoftware 74
Standort 26 ff.
Streckengeschäft 53
SCM Supply-Chain-Managmt. 28
Supportleistungen 11
Unternehmensprozesse 27
Updates 11
Validierung 22
Vertrag 72
Vertragsmanagement 57
Vertragsverhandlungen 65
WWS Warenwirtschaftssysteme 14, 48, 51
Webbasierte Architektur 85
Web-Shop 85
Wettbewerbsvorteil 59
Workflow-Management 18, 85

12 Profile der Editionspartner

ABACUS Research AG
Ansprechpartner:
Joachim Dörrer
Ziegeleistrasse 12
9301 Wittenbach-St.Gallen

Phone	+41 (0)71 292 25 25	Web	www.abacus.ch
Fax	+41 (0)71 292 25 00	E-Mail	info@abacus.ch

Als einer der führenden Schweizer Hersteller entwickelt ABACUS seit zwei Jahrzehnten qualitativ hochstehende Business Software. Das flexible, modulare Design ermöglicht integrierte Gesamtlösungen für jedes Unternehmen und ist offen für individuelle Anpassungen an neue Technologien und an veränderte Geschäftsprozesse.

Der modulare Aufbau und die Möglichkeit, die ABACUS-Programme als Einplatz-Lösung oder in Netzwerken integriert einzusetzen, erlauben jederzeit eine nachträgliche Erweiterung der Anwendungen. Der Betrieb kann so die ABACUS-Software seinen wachsenden Anforderungen anpassen. Durch den Einsatz modernster Technologien optimiert die ABACUS-Software sowohl die internen Prozesse als auch die Beziehungen mit den Lieferanten und Kunden. Zudem lässt sich die ABACUS-Software teilweise im Internet orts- und zeitunabhängig nutzen.

Praxisbeispiele Seite 25 und 39

BYTiCS AG
Ansprechpartner:
Jean-Jacques Morlet
Seestrasse 60a
8612 Uster

Phone	+41 (0)44 905 65 65	Web	www.bytics.ch
Fax	+41 (0)44 905 65 00	E-Mail	info@bytics.ch

BYTiCS Informationstechnologie steht für Beratung, Dienstleistungen und Technologien im Bereich ERP, eB, PDM, CAx für sämtliche Entwicklungs- und Geschäftsprozesse. Die Kombination von Kompetenz (Fach-, Sozialkompetenz, Kundenverständnis), Prozessen & Methodik (KMU-orientiert, globale Sicht, Branchenwissen, Detailverständnis) und Technologien steht für einen optimalen Projekterfolg. Mit der abas-Business-Software entscheiden Sie sich für eine moderne, flexible und offene ERP-Standard-Software (Technologie), die Ihre Prozesse mit einer hohen Releasefähigkeit vom Ein- und Verkauf über Materialwirtschaft und PPS/Fertigung bis zur integrierten FiBu/BeBu optimiert.

Praxisbeispiel Seite 46

Profile der Editionspartner

**Codex Information
Systems & Consulting AG**
Ansprechpartner:
Martin Bühler
Jurastrasse 12
4142 Münchenstein

Phone	+41 (0)61 417 70 70	Web	www.codex.ch
Fax	+41 (0)61 417 70 99	E-Mail	info@codex.ch

Die Schweizer Codex-Gruppe ist mit Gesellschaften in Europa und Asien international etabliert. Seit ihrer Gründung im Jahr 1995 ist das Unternehmen auf über 70 Mitarbeitende gewachsen. Unter dem Leitsatz «Simply Superior Business Software» konzentriert sich die Codex auf die Vermarktung und Einführung der ERP-Gesamtlösung proALPHA bei mittleren und grösseren Industrie- und Grosshandelsunternehmen. Weltweit wird proALPHA bei über 1400 Kunden eingesetzt. Zu den Kernkompetenzen der Codex-Gruppe gehören Projektmanagement, Anwenderschulung, Kundenservice und Beratungsdienstleistungen in Logistik, Produktion und Rechnungswesen.

Praxisbeispiele Seite 42 und 44

dynasoft AG
Ansprechpartner:
Urs Lüthy
Niklaus Konradstrasse 16
4500 Solothurn

Phone	+41 (0)32 624 17 77	Web	www.dynasoft.ch
Fax	+41 (0)32 624 17 79	E-Mail	info@dynasoft.ch

dynasoft AG entwickelt, verkauft und betreut Software und erbringt Dienstleistungen in der Informationstechnologie. Sie bietet Dienstleistungen zur IT-Unterstützung bei Geschäftsprozessen von Handels- und Produktionsbetrieben an, basierend auf der eigenentwickelten Standardsoftware TOSCA.

TOSCA ist eine offene, vollintegrierte ERP-Gesamtanwendung auf Basis von Oracle-Technologie. Abgedeckt sind der Verkauf, der Einkauf, die Produktion, Archivierung, die Lagerführung bis zur Finanzbuchhaltung, Kostenrechnung und Personaladministration. Zahlreiche Zusatzmodule wie CRM, WEB-Shop, Chargen- und Seriennummernverwaltung u.v.m. TOSCA ist zu 100% über das Internet bedienbar.

Praxisbeispiele Seite 35 und 77

Profile der Editionspartner

GUS Schweiz AG
Ansprechpartner:
Peter Imthurn
Buchwaldstrasse 5
9008 St.Gallen

Phone +41 (0)71 242 71 00 www.gus-group.ch
Fax   +41 (0)71 242 71 01 peter.imthurn@gus-group.ch

Die GUS Group ist führender Anbieter von Unternehmenslösungen mit Schwerpunkt in den Branchen Pharma, Food, Chemie sowie bei Handel und Logistik. Die GUS Group entwickelt, vertreibt und implementiert Lösungen für den gesamten Business Cycle: ERP, Qualitätsmanagement, Lieferantenanbindung (SCM), Kundenbindung (CRM), Datenanalyse (BI), Rechnungswesen und Warenwirtschaft/Lager.

Die GUS-OS-Lösungsfamilie rund um GUS-OS ist komplett in Java entwickelt, plattformunabhängig und webbasiert. Das heisst für Anwender: mehr Flexibilität, überall abgesicherter Zugriff auf Daten per Internet und hohe Transparenz durch ToDo-Listen sowie Regiezentren dank anwendungsintegriertem Workflow.

Praxisbeispiele Seite 15, 19 und 54

Heyde (Schweiz) AG
Ansprechpartner:
Pascal Urban
Fuchsiastrasse 10
8048 Zürich

Phone +41 (0)44 405 60 50 Web   www.heyde.ch
Fax   +41 (0)44 405 60 51 E-Mail info@heyde.ch

Die Heyde (Schweiz) AG ist ein IT-Unternehmen, das seit über 15 Jahren branchenunabhängige Informatik-Gesamtlösungen entwickelt und vertreibt.

Heyde bietet mit der *JET*-Produktfamilie der Konzernmutter Data Systems Austria AG Standardsoftware für ein unternehmensweites Informationsmanagement.

Die ERP/PPS-Lösung *JET* ORBIT hat sich in zahlreichen Praxisinstallationen in der Schweiz, in Österreich, Deutschland, Ungarn, Polen und Tschechien sehr erfolgreich etabliert. Die Software zeichnet sich durch einen grossen vorgefertigten Leistungsumfang und hohen Bedienungskomfort aus. *JET* ORBIT ist rasch und effizient ohne aufwendiges Customizing in jedem Unternehmen einsetzbar.

Praxisbeispiel Seite 13

Profile der Editionspartner

Info Nova AG
Ansprechpartner:
René Krämer
Europa-Strasse 11
8152 Glattbrugg

Phone	+41 (0)44 874 85 00	Web	www.ifas.ch
Fax	+41 (0)44 874 85 40	E-Mail	info@ifas.ch

Als kundenorientiertes Generalunternehmen ist die 1989 gegründete Info Nova AG die ideale Partnerin für kleine und mittelständische Unternehmen. Unter der Marke iFAS garantieren 40 IT-Spezialisten an drei Standorten Schweizer Qualitätsleistungen in den Bereichen ERP-Software, Projektmanagement, Schulung und Systemintegration.

Die Info Nova AG ist ein unabhängiges Unternehmen und engagiert sich als Lehrbetrieb in der Ausbildung junger Menschen. Als «Gold Certified Partner» werden intensive Kontakte zu Microsoft und anderen führenden IT-Anbietern gepflegt. Dank einem engen Kompetenznetzwerk mit Hochschulen verfügt die Info Nova AG über Zugang zu erstklassigem Fachwissen in allen Bereichen.

Praxisbeispiel Seite 60

IncoDev (Schweiz) AG
Ansprechpartner:
Alain Nadler
Oberdorfweg 9
5610 Wohlen

Phone	+41 (0)56 618 62 62	Web	www.incodev.ch
Fax	+41 (0)56 618 62 63	E-Mail	info@incodev.ch

IncoDev, der Schweizer Spezialist für die chemisch-pharmazeutische Industrie, bietet mit Blending 5.9 eine voll integrierte ERP-Branchenlösung für die Prozessindustrie (Chemie, Pharma, Biotech, Lacke & Farben und NuG) mit voll integrierter Gefahrstoffverwaltung inkl. SDB und Unfallmerkblatt und voll integriertem Labor-Informations-System (LIMS). Für Pharma-Hersteller bieten wir die prospektive Validierung nach GAMP 4. IncoDev ist ein Softwarespezialist, der die Sprache seiner Kunden in der Prozessindustrie spricht. Durch ihr Know-how und die Praxiserfahrung aus vielen Projekten verstehen die kompetenten Mitarbeiter die Aufgabenstellungen der Kunden und Interessenten ohne Zeitverlust. Häufig können sie dabei auf vorbereitete Konzepte und Lösungsvorschläge zurückgreifen. Das Team besteht aus rund 15 in der Prozessindustrie erfahrenen Mitarbeitern in der Schweiz. International wird die Lösung durch Infor vertrieben.

Praxisbeispiel Seite 23

Profile der Editionspartner

LOBOS Informatik AG
Ansprechpartner:
François Berger
Bahnstrasse 25
8603 Schwerzenbach

Phone	+41 (0)44 825 77 77	Web	www.lobos.ch
Fax	+41 (0)44 825 77 00	E-Mail	fberger@lobos.ch

Die LOBOS Informatik AG ist Implementierungspartner für die beiden ERP-Lösungen SQL-Business und NVinity® in der Schweiz. LOBOS bietet kompetente Beratung bei der Realisierung von Gesamtlösungen für KMU in Industrie und Handel.

NVinity® ist die Nachfolgelösung der bewährten ERP-Software SQL-Business. Das zugrunde liegende Entwicklungswerkzeug Framework Studio® sorgt für eine flexible Individualisierung der Standard-Software. NVinity® ist webbasiert, plattformunabhängig, update-fähig und ausfallsicher. Die LOBOS Informatik AG wurde 1979 gegründet, beschäftigt 30 Mitarbeiter und hat eine breite Kunden- und Referenzbasis in der Schweiz.

Praxisbeispiel Seite 50

MAJESTY Software GmbH
Ansprechpartner:
Bruno Mischler
Zelgmatte 2 / Postfach 142
3150 Schwarzenburg

Phone +41 (0)31 731 41 78   www.majestysoftware.ch
Fax   +41 (0)31 731 41 79   info@majestysoftware.ch

MAJESTY Software GmbH ist für die Schweiz verantwortlich für den Vertrieb und Verkauf der Unternehmens-Software MAJESTY.

Wir bieten benutzerfreundliche und bis ins Detail branchenfokussierte Lösungen für die Bereiche Medizinaltechnik und Präzisionsmechanik an – mit persönlicher Kundenbeziehung, der Flexibilität einer KMU sowie der Professionalität eines etablierten Softwarehauses.

Heute arbeiten über 400 Firmen mit dieser Lösung und schätzen die mittlerweile 15-jährige Branchenerfahrung des Herstellers. Die Vertriebsstruktur in der Schweiz besteht seit 2003. Zusammen zählen wir rund 20 Mitarbeiter. Diese schlanke Struktur ist nur möglich, weil das System eine hohe Zuverlässigkeit ausweist und sehr einfach zu bedienen ist.

Praxisbeispiel Seite 21

Profile der Editionspartner

myfactory Software Schweiz AG
Ansprechpartner:
David Lauchenauer
Haggenstrasse 44
9014 St. Gallen

Phone	+41 (0)71 274 57 67	Web	www.myfactory.ch
Fax	+41 (0)71 274 57 77	E-Mail	info@myfactory.ch

Webbasierte Business-Software für KMU! Standorte, Aussenstellen oder externe Partner – ein Internetanschluss genügt für die vollständige Integration aller gewünschten Unternehmensprozesse. Einfach und flexibel in der Anwendung, leistungsfähig durch die vollständige Verfügbarkeit aller Funktionen, die ein modernes KMU benötigt. Über 500 Unternehmen in der Schweiz und Deutschland nutzen heute myfactory auf ihrem eigenen Server, beim Provider oder im Abo als SaaS. Die integrierte Komplettlösung für Handels- und Produktionsunternehmen.

Module: ERP, PPS, CRM, MIS, b2b/c, Finanz-/Kore, CH-Lohn, Groupware

Praxisbeispiel Seite 83

netretail c/o Pharmatic AG
Ansprechpartner:
Cristiano Moreira
Könizstrasse 23
3000 Bern 5

Phone	+41 (0)31 388 16 16	Web	www.netretail.ch
Fax	+41 (0)31 388 15 16	E-Mail	info@netretail.ch

netretail ist eine Business-Unit der Pharmatic AG, welche ihrerseits seit über 17 Jahren Marktleader im Offizin-Retailing ist. Sie betreut mit über 100 Mitarbeitenden insgesamt rund 3000 Kassen und gegen 2500 PC und ist in der gesamten Schweiz vertreten. Tätigkeitsbereich:

- «Frontstore» – Die modular aufgebaute und damit individuell gestaltbare Touch-Screen-Kassenlösung.

- «Supervisor» – Die Software (ASP.net-Technologie), welche alle Informationen der einzelnen Filialen zusammenführt, um diese dann zur Geschäfts- und Prozessoptimierung auszuwerten und zu analysieren.

- «ERP-Integrator» – Durch standardisierte Schnittstellen kann die Kassenlösung in ERP/FIBU und Zeiterfassungssysteme integriert werden

Praxisbeispiel Seite 52

Profile der Editionspartner

Opacc Software AG
Ansprechpartner:
Ernst Erni
Industriestrasse 13
6010 Kriens

Phone +41 (0)41 349 51 00   Web   www.opacc.com
Fax   +41 (0)41 349 51 05   E-Mail info@opacc.com

Unter dem Leitsatz «True Business Automation» integriert und automatisiert Opacc gezielt und nachhaltig Kunden- und Wertschöpfungsprozesse. Dabei geht es um Verkauf, Warenwirtschaft, Einkauf, Service/Kundendienst, Assembling, Finanz/Personal, E-Commerce sowie mobile, webzentrierte und ähnliche Anwendungen. Das Angebot umfasst eine vollständige Leistungspalette für alle IT-Belange: von der Beratung, Einführung, Software und Hardware bis hin zum Hosting.

Mit ganzheitlichen und langfristig tragenden IT-Konzepten will Opacc die Anpassungsfähigkeit von Unternehmen und Organisationen dauerhaft erhöhen. Legendär und unerreicht ist der seit bald zwei Jahrzehnten praktizierte Investitionsschutz dank der einzigartigen Update-Garantie.

OpaccOne ist die erste Software-Familie mit einer einzigen einheitlichen Programm- und Datenbasis für die Geschäftsabwicklung, den E-Commerce und den Mobile Commerce.

Praxisbeispiel Seite 47

Sage Schweiz AG
Sage Simultan AG
Sage Pro-Concept
Ansprechpartner:
Marc Ziegler
Oberneuhofstrasse 3
6340 Baar

Phone +41 (0)848 868 848   Web   www.sageschweiz.ch
Fax   +41 (0)41 769 68 86   E-Mail info@sageschweiz.ch

Sage Schweiz ist mit über 63 000 Kunden marktführender Anbieter von betriebswirtschaftlichen Gesamtlösungen für den Schweizer KMU-Markt. Mit den Produktlinien Sesam, Simultan ERP, Winware, Winway, ACT! und ProConcept ERP bietet Sage für alle Unternehmen eine Lösung. Ebenso erfolgreich wie mit den leistungs- und funktionsstarken Softwarelösungen für Auftragsbearbeitung, Lohn- und Finanzwesen, Handel (Einkauf, Verkauf, Kundendienst, Verträge), Logistik/Lagerverwaltung, Industrie/Produktion (PPS), Projektbezogene Fertigung sowie mit diversen Branchenlösungen ist das Unternehmen mit seinem breiten Dienstleistungsangebot.

Praxisbeispiele Seite 8, 58 und 74

Profile der Editionspartner

Syz AG Informatik
Ansprechpartner:
Urs Gerber
Gewerbestrasse 12a
8132 Egg b. Zürich

Phone +41 (0)44 986 27 70 Web   www.syzag.ch
Fax   +41 (0)44 986 27 77 E-Mail info@syzag.ch

Syz AG Informatik entwickelt und implementiert ERP-Lösungen, die auf die Bedürfnisse von KMUs zugeschnitten sind. Das Flaggschiff von Syz Informatik, Swissaxis ERP, ist eine der wenigen Schweizer Unternehmenssoftware, die über die Intercompany-Funktionalität verfügt und so Geschäftsprozesse durchgängig über alle Grenzen abbilden kann. Als exklusiver Schweizer Lizenzpartner von e-pro solutions vertreibt Syz Informatik die Produkt-Informations-Management-Lösung «Mediando», mit der sich medienneutral Anwendungen automatisiert erstellen lassen.

Syz Informatik wurde 1981 gegründet und beschäftigt heute über 20 Mitarbeitende, darunter 3 Auszubildende.

Praxisbeispiel Seite 26

13 Autorenteam & BPX

Dr. Marcel Siegenthaler,
Dipl. Ing. ETH, ist Berater und Dozent an der Fachhochschule Nordwestschweiz und Partner der schmid + siegenthaler consulting gmbh, Neuenkirch.

m.siegenthaler@topsoft.ch

Cyrill Schmid

ist geschäftsführender Partner der schmid + siegenthaler consulting gmbh, Neuenkirch.

c.schmid@topsoft.ch

Grobevaluation auf topsoft.ch
Wer heute Business-Software sucht, der wird auf www.topsoft.ch fündig.

Mit einer völlig neu konzipierten Suchfunktion wird die Auswahl aus dem ganzen Marktangebot anhand von gut 400 «must-have»- und «nice-to-have»-Funktionskriterien eingeschränkt. Die resultierende Liste zeigt jene Lösungen, welche auf die Anforderungen zutreffen; sie kann abgespeichert und sogar als persönlicher Softwarekatalog zusammengestellt werden.

Einzigartig ist die Suche nach Branchen-Referenzen: Branche auswählen, und schon erscheint eine Liste der Referenzfirmen und deren Anbieter!

www.topsoft.ch | info@topsoft.ch.

BPX steht für Best Practice Xperts

Martin & Martina Dalla Vecchia,

Herausgeber der BPX-Booklets.

Ziel von BPX ist es, komplexe Themen praxisgerecht für das Management aufzubereiten: kurz & prägnant.